# Salate

ZABERT
SANDMANN

# Inhalt

# Blatt- und Gemüsesalate

# Rucolasalat
## mit Zitrusfrüchten

*In perfekter Begleitung: Fein säuerliche Zitrusfrüchte und nussiger Rucola präsentieren sich hier als kulinarisches Traumpaar*

### Zutaten

2 Bund Rucola
1 Orange
1 rosa Grapefruit
1 Zitrone
1 EL Honig
2 EL helle Sesamsamen
je 1 EL Sesam- und Olivenöl
Salz · Pfeffer aus der Mühle

### Zubereitung

FÜR 4 PERSONEN

1 Den Rucola verlesen, waschen und trocken schleudern, grobe Stiele entfernen. Die Blätter nach Belieben in mundgerechte Stücke zupfen.

2 Die Orange, die Grapefruit und die Zitrone mit einem scharfen Messer so großzügig schälen, dass auch die weiße Haut mit entfernt wird. Die Fruchtfilets zwischen den einzelnen Trennhäuten herausschneiden, dabei den austretenden Saft auffangen. Für die Marinade den Fruchtsaft mit dem Honig und dem Sesam in einem kleinen Topf bei schwacher Hitze erwärmen.

3 Den Rucola mit den Orangen- und den Grapefruitfilets auf Tellern oder in einer Salatschüssel anrichten. Die Zitronenfilets in feine Würfel schneiden und über den Salat streuen.

4 Die lauwarme Honig-Sesam-Marinade mit dem Sesam- und dem Olivenöl verrühren und mit Salz und Pfeffer würzen. Die Marinade über den Salat träufeln und sofort servieren. Nach Belieben frisch aufgebackenes Pitabrot dazu reichen.

Tipp› Experimentierfreudige verfeinern die Marinade noch mit 1 EL Ramazotti, dem bekannten italienischen Kräuterlikör. Seine herbe Note rundet den nussigen Geschmack des Salats perfekt ab.

# Feldsalat
## mit Käsecroûtons

*Nicht nur optisch ein Genuss: Die würzig-pikanten Croûtons geben der Kombination aus Salat und Äpfeln den richtigen Kick*

### Zutaten

150 g Feldsalat
200 g Champignons
1 großer rotschaliger Apfel
(z. B. Braeburn)
1 EL Apfelessig
2 EL Orangensaft
1 TL Dijon-Senf · Zucker
Salz · Pfeffer aus der Mühle
3 EL Olivenöl
40 g Walnusskernhälften
3 Scheiben Schwarzbrot
75 g Gorgonzola

### Zubereitung

FÜR 4 PERSONEN

1 Den Feldsalat verlesen, waschen und trocken schleudern. Die Champignons putzen, mit Küchenpapier trocken abreiben und in Scheiben schneiden.

2 Den Apfel waschen, vierteln und das Kerngehäuse entfernen. Die Apfelviertel der Länge nach in dünne Spalten schneiden.

3 Für die Vinaigrette den Essig und den Orangensaft mit Senf, Zucker, Salz und Pfeffer verrühren, nach und nach das Olivenöl unterschlagen.

4 Den Feldsalat, die Pilze und die Apfelspalten auf Teller oder Schälchen verteilen und mit der Vinaigrette beträufeln. Den Salat mit den Walnusskernen bestreuen.

5 Den Backofengrill einschalten. Die Brotscheiben nach Belieben entrinden und diagonal vierteln. Den Gorgonzola in Stücke schneiden und auf den Brotecken verteilen. Die Brote unter dem Grill auf der mittleren Schiene etwa 2 Minuten rösten, bis der Käse zu schmelzen beginnt. Die Käsecroûtons auf dem Feldsalat anrichten.

Tipp› Besonders aromatisch schmecken die Walnusskerne, wenn man sie kurz in einer beschichteten Pfanne ohne Fett anröstet. Statt Gorgonzola können Sie auch 75 g Ziegenkäse für die Croûtons verwenden.

# Endiviensalat
## mit Äpfeln und Speck

### Zutaten

1 Endiviensalat

2 Zwiebeln

3 rotschalige Äpfel

(z. B. Braeburn)

1 EL Zitronensaft

150 g geräucherter Speck

3 EL Weißweinessig

125 ml Gemüsebrühe

1 TL scharfer Senf

Salz · Pfeffer aus der Mühle

2 EL Öl

1/2 Bund Majoran

### Zubereitung

FÜR 4 PERSONEN

1 Den Endiviensalat putzen, waschen, trocken schleudern und die Blätter in mundgerechte Stücke zupfen.

2 Die Zwiebeln schälen und in feine Würfel schneiden. Die Äpfel waschen, vierteln und die Kerngehäuse entfernen. Die Apfelviertel in dünne Spalten schneiden, mit Zitronensaft beträufeln.

3 Den Speck in Würfel schneiden und in einer beschichteten Pfanne ohne Fett knusprig anbraten. Die Zwiebeln dazugeben und etwa 3 Minuten mitbraten. Anschließend herausnehmen und die Apfelspalten zur Speck-Zwiebel-Mischung geben.

4 Für die Vinaigrette den Essig mit der Brühe, Senf, Salz und Pfeffer verrühren, nach und nach das Öl unterschlagen. Den Majoran waschen und trocken schütteln. Die Blättchen von den Stielen zupfen und unterrühren.

5 Den Endiviensalat mit der Apfel-Speck-Mischung und der Vinaigrette vermischen und nochmals abschmecken. Nach Belieben mit Majoranzweigen garniert servieren.

# Caesar-Salat
## mit Knoblauchbaguette

### Zutaten

2 – 3 Knoblauchzehen · 6 EL Öl
8 – 12 kleine Scheiben Baguette
1 großer Romanasalat
(ca. 500 g)
3 – 4 EL Zitronensaft
1 TL Dijon-Senf · Zucker
1 EL gemahlene Mandeln
Salz · Pfeffer aus der Mühle
6 EL Olivenöl
4 EL Sahne
40 g Parmesan (am Stück)

### Zubereitung

FÜR 4 PERSONEN

1 Den Knoblauch schälen und in feine Würfel schneiden.

2 Das Öl in einer großen Pfanne erhitzen und den Knoblauch darin anbraten, die Brotscheiben dazugeben und auf beiden Seiten goldbraun rösten.

3 Den Romanasalat putzen, waschen und trocken schleudern. Die Blätter nach Belieben in mundgerechte Streifen schneiden.

4 Für das Dressing den Zitronensaft mit dem Senf, 1 Prise Zucker, den Mandeln, Salz und Pfeffer verrühren, nach und nach das Olivenöl unterschlagen. Zum Schluss die Sahne unterrühren und das Dressing nochmals abschmecken.

5 Den Salat in Schälchen anrichten und das Dressing darüber verteilen. Den Parmesan mit dem Sparschäler in groben Spänen über den Salat hobeln. Den Caesar-Salat mit dem gerösteten Knoblauchbaguette servieren.

# Bataviasalat
## mit Orangenfilets

*Ein bunter Vitamin-Mix: Knackige Radieschen, saftige Orangen und frische Salatblätter sind nicht nur für die schlanke Linie gut*

### Zutaten

1 Bataviasalat

4 Orangen

1 rote Zwiebel

1/2 Bund Radieschen

2 EL Weißweinessig

1/2 TL Senf

Salz · Pfeffer aus der Mühle

3 EL Olivenöl

### Zubereitung

FÜR 4 PERSONEN

1 Den Bataviasalat putzen, waschen und trocken schleudern. Einige Blätter beiseitelegen, die restlichen Blätter in mundgerechte Stücke zupfen.

2 Die Orangen mit einem scharfen Messer so großzügig schälen, dass auch die weiße Haut mit entfernt wird. Die Fruchtfilets zwischen den einzelnen Trennhäuten herausschneiden, dabei den austretenden Saft auffangen.

3 Die Zwiebel schälen und in feine Ringe schneiden. Die Radieschen putzen, waschen und in feine Scheiben schneiden.

4 Für die Vinaigrette den Essig mit Senf, Salz, Pfeffer und etwa 3 EL Orangensaft verrühren, nach und nach das Olivenöl unterschlagen. Den zerkleinerten Salat, die Zwiebelringe und die Radieschenscheiben mit der Vinaigrette mischen.

5 Eine Salatschüssel mit den beiseitegelegten Salatblättern auslegen und den Bataviasalat mit den Orangenfilets darauf anrichten.

Tipp› Bis vor einigen Jahren gehörte Bataviasalat noch zu den Exoten am Gemüsestand, inzwischen wird er auch hier in Deutschland angebaut. Im Kühlschrank hält er sich einige Tage frisch.

# Romanasalat
## mit Avocado und Sprossen

*Dressing einmal anders: Statt Essig und Öl kommen hier saure Sahne, erfrischende Zitrussäfte und indonesische Würzsauce zum Einsatz*

### Zutaten

200 g Romanasalat
100 g Sojasprossen
200 g Cocktailtomaten
1 Avocado
4 EL saure Sahne
je 6 EL Zitronen- und Orangensaft
Salz · Sambal Oelek

### Zubereitung

FÜR 2 PERSONEN

1 Den Romanasalat putzen, waschen und trocken schleudern. Die Blätter in Streifen schneiden und auf Tellern anrichten.

2 Die Sojasprossen in einem Sieb mit kochendem Wasser übergießen, kalt abschrecken und abtropfen lassen. Die Cocktailtomaten waschen und in Scheiben schneiden.

3 Die Avocado halbieren und den Stein entfernen. Die Avocadohälften schälen und das Fruchtfleisch in Scheiben schneiden. Die Sojasprossen, die Tomaten- und die Avocadoscheiben auf dem Salat verteilen.

4 Für das Dressing die saure Sahne mit dem Zitronen- und Orangensaft verrühren, mit Salz und Sambal Oelek abschmecken. Den Romanasalat mit dem Dressing beträufeln und servieren.

Tipp› Sambal Oelek ist eine indonesische Würzsauce, bei der Vorsicht geboten ist – die Sauce ist höllisch scharf! Wer mag, kann je 4 EL Frühlingszwiebelringe und Schnittlauchröllchen unter den Salat mischen.

# Rucolasalat
## mit Ziegenkäsenocken

### Zutaten

4 EL Pinienkerne

200 g Ziegenfrischkäse

2 TL getrockneter Oregano

5 EL Olivenöl

Pfeffer aus der Mühle

150 g Rucola

250 g Erdbeeren

1 Schalotte

1 TL Butter

2 EL Aceto balsamico

1/2 TL Senf · Salz

### Zubereitung

FÜR 4 PERSONEN

1 Die Pinienkerne in einer beschichteten Pfanne ohne Fett goldbraun rösten. Anschließend den Ziegenfrischkäse in einer kleinen Schüssel mit der Hälfte der Pinienkerne, dem Oregano, 1 EL Olivenöl und etwas Pfeffer gut verrühren.

2 Den Rucola verlesen, waschen und trocken schleudern, grobe Stiele entfernen. Die Blätter nach Belieben in Stücke zupfen. Die Erdbeeren waschen, putzen und achteln. Die Schalotte schälen und in feine Würfel schneiden. Die Butter in einer kleinen Pfanne zerlassen und die Schalottenwürfel darin kurz andünsten.

3 Für die Vinaigrette den Essig mit dem Senf, Salz und Pfeffer verrühren, nach und nach das restliche Olivenöl unterschlagen. Zum Schluss die Schalottenwürfel dazugeben.

4 Den Rucola und die Erdbeeren auf Tellern anrichten. Aus der Käsecreme mithilfe von zwei Esslöffeln Nocken abstechen und auf dem Salat verteilen. Die Vinaigrette darüberträufeln und den Rucolasalat mit den restlichen gerösteten Pinienkernen bestreuen.

# Romanasalat
## mit Käsedressing

### Zutaten

1 Romanasalat
1 Bund Radieschen
150 g kleine Champignons
1 EL Zitronensaft
60 g Roquefort
150 g Naturjoghurt
Salz · Pfeffer aus der Mühle

### Zubereitung

FÜR 4 PERSONEN

1 Den Romanasalat putzen, waschen und trocken schleudern. Die Blätter in breite Streifen schneiden.

2 Die Radieschen putzen, waschen und in feine Scheiben schneiden oder hobeln. Die Champignons putzen und mit Küchenpapier trocken abreiben. Ebenfalls in feine Scheiben schneiden und sofort mit dem Zitronensaft beträufeln.

3 Für das Dressing den Roquefort mit einer Gabel zerdrücken. Den Käse mit dem Joghurt in einer kleinen Schüssel glatt rühren und das Dressing mit Salz und Pfeffer abschmecken.

4 Den Romanasalat mit den Radieschen- und den Champignonscheiben mischen und auf Teller verteilen. Den Salat mit dem Käsedressing beträufeln und servieren.

# Bunter Salat
## mit gerösteten Süßkartoffeln

*Ein Hauch von Exotik: Süßkartoffeln sind in diesem Salat der Star, aber auch die Nebendarsteller sind nicht zu verachten*

### Zutaten

300 g gemischte Salatblätter (z. B. Eichblatt, Kopfsalat, Batavia, Rucola)
300 g Cocktailtomaten
1 kleine Salatgurke
400 g Süßkartoffeln
100 ml Olivenöl
3 EL Aceto balsamico
1/2 TL Senf · 1 TL Salz
150 g Macadamianusskerne

### Zubereitung

FÜR 4 PERSONEN

1 Die Salatblätter putzen, waschen, trocken schleudern und in mundgerechte Stücke zupfen. Die Cocktailtomaten waschen und halbieren. Die Gurke waschen oder nach Belieben schälen, in feine Scheiben schneiden oder hobeln.

2 Die Süßkartoffeln schälen, waschen und in feine Scheiben schneiden. Die Scheiben halbieren und mit Küchenpapier trocken tupfen. In einer Pfanne 4 EL Olivenöl erhitzen und die Süßkartoffelscheiben darin unter Wenden etwa 8 Minuten goldbraun braten.

3 Für die Vinaigrette den Essig mit dem Senf und Salz verrühren, nach und nach das restliche Olivenöl unterschlagen.

4 Die Salatblätter mit den Cocktailtomaten, den Gurkenscheiben und den noch heißen Kartoffeln mischen und auf Tellern anrichten. Den Salat mit der Vinaigrette beträufeln, die Macadamianüsse grob zerkleinern und darüberstreuen.

**Tipp›** Süßkartoffeln, auch Bataten genannt, stammen ursprünglich von den malaiischen Inseln. Die länglichen Knollen sind sehr stärkehaltig und werden wie unsere heimischen Kartoffeln zubereitet.

# Kräutersalat
## mit gegrilltem Ziegenkäse

*Eine Kreation mit Überraschungseffekt: Gegen diesen raffinierten Salat mit Heidelbeeren und Ziegenkäse ist kein Kraut gewachsen*

### Zutaten

80 g gemischte Kräuter (z. B. Kerbel, Petersilie, Estragon)
1 kleines Bund Brunnenkresse
125 g Heidelbeeren
3 EL Estragonessig
1 TL grobkörniger Dijon-Senf
3 TL Ahornsirup
Salz · Pfeffer aus der Mühle
7 EL Olivenöl · 1 Schalotte
2 Knoblauchzehen
2 kleine runde Ziegenfrischkäse (à 40 g, z. B. Picandou Frais)

### Zubereitung

FÜR 2 PERSONEN

1 Die Kräuter und die Brunnenkresse verlesen, waschen und trocken schütteln, die Blättchen von den Stielen zupfen. Die Heidelbeeren verlesen, waschen und trocken tupfen. Die Beeren je nach Größe halbieren und mit den Kräutern in einer Schüssel vermischen.

2 Für die Vinaigrette den Essig mit dem Senf, 1 TL Ahornsirup, Salz und Pfeffer verrühren, nach und nach 6 EL Olivenöl unterschlagen. Die Schalotte schälen und in feine Würfel schneiden. Die Schalottenwürfel unter die Vinaigrette rühren.

3 Den Knoblauch schälen und in dünne Scheiben schneiden. Das restliche Olivenöl in einer kleinen Pfanne erhitzen und die Knoblauchscheiben darin goldbraun rösten.

4 Den Backofengrill einschalten. Den Ziegenfrischkäse mit dem restlichen Ahornsirup bestreichen, auf ein mit Backpapier ausgelegtes Backblech legen und den Sirup unter dem Grill etwa 2 Minuten karamellisieren lassen.

5 Den Kräutersalat mit der Vinaigrette vermischen und auf Tellern anrichten. Den karamellisierten Ziegenkäse daraufsetzen und die gerösteten Knoblauchscheiben über den Salat streuen.

**Tipp›** Ziegenfrischkäse ist besonders mild im Geschmack. Wer es gern etwas kräftiger mag, kann zum Kräutersalat einen reifen Sainte-Maure (ebenfalls aus Ziegenmilch) servieren, der ein pikanteres Aroma hat.

# Herbstsalat
## mit Weintrauben

### Zutaten

300 g bunte Salatblätter
(z. B. Eichblatt, Radicchio, Lollo rosso, roter Batavia, Frisée)
je 100 g helle und blaue Weintrauben
1 kleine Birne
je 1 EL Apfel- und Sherryessig
1 TL Birnendicksaft
Salz · Pfeffer aus der Mühle
je 2 EL Oliven- und Walnussöl
2 EL Walnusskernhälften
40 g Parmesan (am Stück)

### Zubereitung

FÜR 4 PERSONEN

1 Die Salatblätter putzen, waschen, trocken schleudern und in mundgerechte Stücke zupfen.

2 Die Trauben waschen und halbieren, nach Belieben die Kerne entfernen. Die Birne waschen, vierteln und das Kerngehäuse entfernen. Die Birnenviertel in dünne Spalten schneiden.

3 Für die Vinaigrette beide Essigsorten mit dem Birnendicksaft, Salz und Pfeffer verrühren, nach und nach das Oliven- und das Walnussöl unterschlagen. Anschließend die Vinaigrette nochmals abschmecken.

4 Die Walnüsse in einer beschichteten Pfanne ohne Fett anrösten. Die Salatblätter gut mit der Vinaigrette mischen und auf Teller verteilen. Die Traubenhälften, die Birnenspalten und die gerösteten Walnüsse darauf anrichten. Zum Schluss den Parmesan mit dem Sparschäler in groben Spänen über den Herbstsalat hobeln.

# Sommersalat
## mit Radieschen

### Zutaten

300 g grüne Salatblätter (z. B. Lollo biondo, grüner Batavia, Kopf- und Romanasalat)
1 Bund Radieschen
1 Salatgurke
1 gelbe Paprikaschote
2 Eier (hart gekocht)
je 1 EL Weißwein- und Estragonessig
1 TL Dijon-Senf
Salz · Pfeffer aus der Mühle
4 EL Olivenöl
essbare Blüten zum Garnieren (z. B. Kapuzinerkresse, Ringelblumen)

### Zubereitung

FÜR 4 PERSONEN

1 Die Salatblätter putzen, waschen, trocken schleudern und in mundgerechte Stücke zupfen.

2 Die Radieschen putzen, waschen und in feine Scheiben schneiden. Die Gurke putzen, waschen und in dünne Scheiben schneiden.

3 Die Paprikaschote längs halbieren, entkernen, waschen und in sehr feine Streifen schneiden. Die hart gekochten Eier pellen und achteln.

4 Für die Vinaigrette beide Essigsorten mit Senf, Salz und Pfeffer verrühren, nach und nach das Olivenöl unterschlagen. Zum Schluss die Vinaigrette nochmals abschmecken.

5 Die Salatblätter, die Radieschen- und die Gurkenscheiben und die Paprikastreifen mit der Vinaigrette vermischen. Den Sommersalat auf Teller verteilen, mit den Eierachteln belegen und mit essbaren Blüten und Radieschen garniert servieren.

# Birnensalat
## mit Roquefort und Mandeln

*Pikant und herrlich erfrischend: Dieser Salat besticht durch den Mix aus würzigem Käse, frischen Birnen und feinen Mandelblättchen*

### Zutaten

je 70 g Friséesalat, Lollo rosso und Rucola
3 Birnen (z. B. Williams Christ)
70 g Mandelblättchen
150 g Roquefort
2 EL Balsamico bianco
1 TL weißes Mandelmus
Salz · Pfeffer aus der Mühle
4 EL Walnuss- oder Olivenöl
2 EL Schnittlauchröllchen

### Zubereitung

FÜR 4 PERSONEN

1 Die Blattsalate putzen, waschen, trocken schleudern und in mundgerechte Stücke zupfen. Den Rucola verlesen, waschen und trocken schleudern, grobe Stiele entfernen.

2 Die Birnen waschen, halbieren und die Kerngehäuse entfernen. Die Birnenhälften der Länge nach in Spalten schneiden. Die Mandelblättchen in einer beschichteten Pfanne ohne Fett goldbraun rösten. Den Roquefort grob zerbröckeln oder in kleine Würfel schneiden.

3 Für die Vinaigrette den Essig mit dem Mandelmus, 2 EL Wasser, Salz und Pfeffer verrühren, nach und nach das Walnuss- oder Olivenöl unterschlagen. Zuletzt die Schnittlauchröllchen unterrühren.

4 Die Blattsalate, den Rucola, die Birnenspalten und die Käsewürfel auf Teller verteilen. Den Birnensalat mit der Vinaigrette beträufeln und mit den gerösteten Mandelblättchen bestreut servieren.

**Tipp›** Mandelmus besteht aus geschälten, zu feinem Mus pürierten Mandeln. Es ist sehr nährstoffreich und wird als Brotaufstrich oder zum Verfeinern von Saucen und Desserts verwendet.

# Pastinaken-Birnen-Salat
## mit Blauschimmelkäse

*Altbekanntes Gemüse neu entdeckt: Die süßliche Pastinakenwurzel harmoniert wunderbar mit dem kräftigen Käsegeschmack*

### Zutaten

400 g Pastinaken
Salz · Pfeffer aus der Mühle
4 EL Olivenöl
1 Zweig Rosmarin
250 g Rotkohl
200 g helle kernlose Weintrauben
250 g junger Spinat
4 Radieschen
3 EL Weißweinessig
2 EL Walnussöl
1 TL Honig
2 Birnen
200 g Blauschimmelkäse

### Zubereitung

FÜR 4 PERSONEN

1 Den Backofen auf 200 °C vorheizen. Die Pastinaken putzen, schälen und längs halbieren. In eine ofenfeste Form legen und mit Salz und Pfeffer würzen. Das Olivenöl darüberträufeln, den Rosmarin dazugeben und die Pastinaken im Ofen auf der mittleren Schiene 25 Minuten backen, dabei gelegentlich wenden. Dann herausnehmen und lauwarm abkühlen lassen.

2 Vom Rotkohl die äußeren Blätter entfernen, den Kohl in feine Streifen schneiden oder hobeln. Die Weintrauben waschen und trocken tupfen. Den Spinat verlesen, waschen und trocken schleudern. Die Radieschen putzen, waschen und in feine Scheiben schneiden.

3 Für die Vinaigrette den Essig mit dem Walnuss-, dem übrigen Olivenöl und dem Honig verrühren und mit Salz und Pfeffer würzen. Die Birnen waschen, achteln und die Kerngehäuse entfernen.

4 Pastinaken, Rotkohl, Weintrauben, Spinat, Radieschen und Birnen auf Tellern anrichten und mit der Vinaigrette beträufeln. Den Blauschimmelkäse mit einer Gabel zerbröckeln oder in grobe Stücke schneiden und über dem Pastinaken-Birnen-Salat verteilen. Nach Belieben mit Weißbrot servieren.

Tipp› Bekannte Blauschimmelkäse sind der französische Roquefort und der italienische Gorgonzola. Bei Letzterem haben Sie die Wahl zwischen dem schärferen »piccante« und dem lieblicheren »dolce«.

# Spargelsalat mit Artischocken

*Wenn es etwas Besonderes sein soll: Mit ihren edlen Zutaten begeistert diese extravagante Salatkomposition selbst verwöhnte Gourmets*

## Zutaten

6 kleine Artischocken
Salz · Saft von 2 Zitronen
400 g grüner Spargel
200 g Brunnenkresse
2 rosa Grapefruits
1 Knoblauchzehe
1 TL Dijon-Senf
Pfeffer aus der Mühle
2 EL Olivenöl
50 g Mandeln (geschält)

## Zubereitung

FÜR 4 PERSONEN

1 Von den Artischocken die Stiele sowie die harten Blattspitzen im oberen Teil abtrennen, die verbliebenen Blätter rund um den Artischockenboden abschneiden. Das »Heu« mit einem Teelöffel oder Kugelausstecher herauslösen.

2 Reichlich Salzwasser zum Kochen bringen und die Artischocken darin mit der Hälfte des Zitronensafts etwa 30 Minuten garen. Mit dem Schaumlöffel herausnehmen, abtropfen lassen und halbieren oder vierteln.

3 Den Spargel waschen und im unteren Drittel schälen, holzige Enden abschneiden. Die Spargelstangen je nach Länge halbieren und in kochendem Salzwasser etwa 10 Minuten garen. In ein Sieb abgießen, kalt abschrecken und abtropfen lassen.

4 Die Brunnenkresse verlesen, waschen und trocken schleudern. Die Grapefruits mit einem scharfen Messer so großzügig schälen, dass auch die weiße Haut mit entfernt wird. Die Fruchtfilets zwischen den einzelnen Trennhäuten herausschneiden, dabei den austretenden Saft auffangen. Den Knoblauch schälen und fein hacken.

5 Für die Marinade den Grapefruit- und den restlichen Zitronensaft mit dem Knoblauch, dem Senf, Salz und Pfeffer verrühren, nach und nach das Olivenöl unterschlagen. Artischocken, Spargel, Brunnenkresse, Grapefruitfilets und Mandeln auf Teller verteilen und mit der Marinade beträufeln.

---

Tipp› Wer fruchtige Salatkreationen mag, kann die grünen Spargelstangen auch mit Romanasalat, Tomatenvierteln und Orangenfilets anrichten. Die Marinade lässt sich mit Sherryessig verfeinern.

# Tomaten-Mozzarella-Salat
## mit Pfifferlingen

### Zutaten

150 g kleine Pfifferlinge

1/2 Bund Basilikum

4 Tomaten

4 Kugeln Mozzarella (à 125 g)

Salz · Pfeffer aus der Mühle

4 EL Balsamico bianco

5 EL Olivenöl

Basilikumblätter zum Garnieren

### Zubereitung

FÜR 4 PERSONEN

1 Die Pfifferlinge putzen und mit Küchenpapier trocken abreiben. Das Basilikum waschen und trocken schütteln, die Blätter von den Stielen zupfen und fein zerkleinern.

2 Die Tomaten waschen und in Scheiben schneiden, dabei die Stielansätze entfernen. Den Mozzarella abtropfen lassen und ebenfalls in Scheiben schneiden. Die Tomaten- und Mozzarellascheiben abwechselnd leicht überlappend auf Tellern anrichten und mit Salz und Pfeffer würzen.

3 Für die Vinaigrette den Essig mit Salz und Pfeffer verrühren, nach und nach 4 EL Olivenöl unterschlagen.

4 Das restliche Olivenöl in einer Pfanne erhitzen und die Pfifferlinge darin bei mittlerer Hitze etwa 2 Minuten braten. Die Pilze mit Salz und Pfeffer würzen und das Basilikum dazugeben.

5 Die Pfifferlinge auf dem Tomaten-Mozzarella-Salat verteilen und mit der Vinaigrette beträufeln. Mit Basilikumblättern garnieren und nach Belieben mit Weißbrot servieren.

# Papayasalat
## mit Mozzarella

### Zutaten

1 rote Chilischote
2 EL Limettensaft
Salz · 1/2 TL Currypulver
3 EL Olivenöl
2 Kugeln Mozzarella
(à 125 g)
1 reife Papaya
1/2 Bund Basilikum
Pfeffer aus der Mühle

### Zubereitung

FÜR 2 PERSONEN

1 Die Chilischote längs halbieren, entkernen, waschen und in feine Streifen schneiden. Für die Marinade den Limettensaft mit Salz und Currypulver verrühren, nach und nach das Olivenöl unterschlagen. Die Chilistreifen hinzufügen und die Marinade 20 Minuten ziehen lassen.

2 Den Mozzarella gut abtropfen lassen und in dünne Scheiben schneiden. Die Papaya halbieren, mit einem Teelöffel entkernen und schälen. Die Papayahälften quer in Scheiben schneiden.

3 Das Basilikum waschen und trocken schütteln, die Blätter von den Stielen zupfen. Die Mozzarella- und Papayascheiben dachziegelartig auf einer Platte oder auf Tellern anrichten, dabei die Basilikumblätter dazwischenstecken.

4 Die Chilimarinade mit den Chilistreifen über die Mozzarella- und Papayascheiben träufeln. Zum Servieren etwas Pfeffer grob über den Papayasalat mahlen. Nach Belieben Ciabatta oder Baguette dazu reichen.

# Spinatsalat
## mit Schafskäse

*Das schmeckt nach Urlaub: Dieser Salat aus würzigen Kräutern, Schafskäse und Spinat erinnert an die Sonnenküche Griechenlands*

### Zutaten

4 Handvoll Spinatblätter

Salz · 2 – 3 TL Zitronensaft

Pfeffer aus der Mühle

2 EL Olivenöl

50 g Schafskäse (Feta)

4 große Radieschen

1 Handvoll Löwenzahnblätter

### Zubereitung

FÜR 2 PERSONEN

1 Den Spinat verlesen und waschen, grobe Stiele entfernen. Reichlich Salzwasser zum Kochen bringen und die Spinatblätter darin 2 Minuten blanchieren. In ein Sieb abgießen, kalt abschrecken und abtropfen lassen.

2 Für die Marinade den Zitronensaft mit Salz und Pfeffer verrühren, nach und nach das Olivenöl unterschlagen. Den Schafskäse mit einer Gabel grob zerbröckeln.

3 Den Spinat mit der Marinade vermischen und auf Teller verteilen. Den Schafskäse darüberstreuen. Die Radieschen putzen, waschen, in feine Streifen schneiden oder hobeln und auf dem Spinatsalat verteilen.

4 Die Löwenzahnblätter verlesen, waschen und trocken schütteln. Den Spinatsalat mit den Löwenzahnblättern und nach Belieben mit Zitronenspalten garnieren. Dazu passt Fladenbrot.

---

Tipp› Einen zusätzlichen mediterranen Touch erhält der Salat, wenn man gehackte Oliven untermischt. Wer mag, kann noch in dünne Scheiben geschnittenen Apfel unter den Spinatsalat mischen.

# Sauerkraut-Möhren-Salat
## mit Petersilie und Nüssen

*Ein Kraftpaket aus Großmutters Küche: Dieser Rohkostsalat mit knackigen Nüssen spendet im Nu jede Menge Vitamine und Energie*

### Zutaten

300 g Sauerkraut
(aus dem Fass)
400 g Möhren
30 g Haselnusskerne
1/2 Bund Petersilie
100 g saure Sahne
1/2 TL Zucker
Salz · Pfeffer aus der Mühle
1 EL Öl

### Zubereitung

FÜR 4 PERSONEN

1 Das Sauerkraut mit einer Gabel etwas auflockern und mit dem Messer grob zerkleinern. Die Möhren putzen, schälen und auf der Gemüsereibe grob raspeln.

2 Die Haselnüsse fein hacken. Die Petersilie waschen und trocken schütteln. Die Blätter von den Stielen zupfen, einige Blätter zum Garnieren beiseitelegen und die übrigen Blätter im Blitzhacker oder mit dem Messer fein hacken.

3 Für das Dressing die saure Sahne mit dem Zucker, der Hälfte der Haselnüsse, Salz und Pfeffer verrühren, dann das Öl unterschlagen. Das Dressing nochmals abschmecken und zum Schluss die geschnittene Petersilie unterrühren.

4 Das Sauerkraut und die Möhren in einer Schüssel mit dem Dressing vermischen. Den Sauerkraut-Möhren-Salat auf Teller oder Schälchen verteilen und mit den restlichen Nüssen bestreuen. Mit den Petersilienblättern garniert servieren.

**Tipp›** Vor allem im Winter ist Sauerkraut ein wertvoller Vitaminlieferant. Das Kraut sollte vor der Zubereitung nicht gewaschen werden – dadurch bleiben alle Geschmacksstoffe und die Vitamine erhalten.

# Sprossensalat
## mit Zaziki

### Zutaten

Für das Zaziki:

1–2 Knoblauchzehen

150 g Salatgurke

300 g Naturjoghurt

1 TL Zitronensaft

Salz · Pfeffer aus der Mühle

Für den Salat:

3 Stiele Petersilie

2 Stiele Koriander

250 g Sojasprossen

6 Radieschen

2 EL Weißweinessig

4 EL Öl · Salz

Cayennepfeffer

### Zubereitung

FÜR 4 PERSONEN

1 Für das Zaziki den Knoblauch schälen und in kleine Würfel schneiden. Die Gurke waschen, der Länge nach halbieren, entkernen und auf dem Gemüsehobel fein raspeln. Den Joghurt mit dem Knoblauch, den Gurkenraspeln und dem Zitronensaft vermischen. Mit Salz und Pfeffer würzen.

2 Für den Salat die Petersilie und den Koriander waschen, trocken schütteln, die Blätter abzupfen und fein hacken. Die Sprossen in einem Sieb abbrausen und abtropfen lassen. Die Radieschen putzen, waschen und in kleine Würfel schneiden.

3 Die Radieschenwürfel und die Sprossen mit dem Essig und dem Öl vermischen, mit Salz und 1 Prise Cayennepfeffer würzen.

4 Jeweils 1 EL Zaziki in ein kleines Glas füllen und mit den gehackten Kräutern bestreuen. Den Sprossensalat daraufgeben und nach Belieben mit etwas Koriander garniert servieren.

# Sprossen-Blattsalat
## mit Essblüten

### Zutaten

1 Handvoll Alfalfasprossen
2 Handvoll Mungobohnensprossen
200 g Blattsalat
(z. B. Radicchio, Endivie)
3 EL Weißweinessig
3 EL Orangensaft
3 EL Olivenöl
2 EL Traubenkernöl
1 TL Honig
Salz · Pfeffer aus der Mühle
1 Schale rote Shiso-Kresse
2 Handvoll gemischte Essblüten
(z. B. Stiefmütterchen, Kornblumen, Cosmea; aus der Gärtnerei)

### Zubereitung

FÜR 4 PERSONEN

1 Die Alfalfa- und die Mungobohnensprossen in einem Sieb abbrausen und gut abtropfen lassen. Den Blattsalat putzen, waschen und trocken schleudern. Nach Belieben in mundgerechte Stücke zupfen.

2 Für die Vinaigrette den Essig mit dem Orangensaft verrühren, dann das Oliven- und das Traubenkernöl unterschlagen. Zuletzt den Honig unterrühren und mit Salz und Pfeffer würzen.

3 Die Salatblätter und die Sprossen auf Tellern anrichten. Die Shiso-Kresse vom Beet abschneiden, waschen, trocken tupfen und über den Sprossen-Blattsalat streuen. Mit der Vinaigrette beträufeln und vor dem Servieren mit den Essblüten garnieren.

# Gurken-Oliven-Salat
## mit Frühlingszwiebeln

*Perfektes Verwöhnprogramm: Dieser Salat ist schnell und leicht gemacht, schmeckt richtig lecker und sieht zudem noch gut aus*

### Zutaten

1 Salatgurke · Salz
je 50 g grüne und schwarze Oliven (ohne Stein)
2 Frühlingszwiebeln
1 eingelegte milde Chilischote (aus dem Glas)
100 g Naturjoghurt
1 EL Zitronensaft
Pfeffer aus der Mühle
1 EL Olivenöl
1/2 TL getrockneter Thymian
1 EL gehackte Dillspitzen

### Zubereitung

FÜR 4 PERSONEN

1 Die Gurke waschen und der Länge nach halbieren. Die Kerne mit einem Teelöffel entfernen und die Gurke in feine Würfel schneiden. Die Gurkenwürfel mit 1 TL Salz vermischen und in einem Sieb etwa 10 Minuten Wasser ziehen lassen.

2 Die Oliven fein hacken. Die Frühlingszwiebeln putzen, waschen und mit dem Grün in feine Ringe schneiden. Die Chilischote abtropfen lassen, nach Belieben entkernen und in feine Ringe schneiden.

3 Für das Dressing den Joghurt mit dem Zitronensaft, Salz und Pfeffer in einer großen Schüssel verrühren, dann das Olivenöl unterschlagen. Zuletzt den Thymian dazugeben.

4 Die abgetropften Gurkenwürfel, die Oliven, die Frühlingszwiebeln, die Chiliringe und den Dill mit dem Dressing mischen. Den Salat mit Salz und Pfeffer abschmecken, mit Dillspitzen garnieren und nach Belieben Weißbrot oder Fladenbrot dazu servieren.

Tipp› Statt mit Naturjoghurt aus Kuhmilch können Sie das Dressing auch mit Schafsmilchjoghurt zubereiten. Wer es gern etwas herzhafter mag, zerkrümelt 100 g Schafkäse und mischt ihn unter den Salat.

# Waldorfsalat
## mit Walnüssen

### Zutaten

2 säuerliche Äpfel
(z. B. Boskoop)
250 g Knollensellerie
Saft von 1 Zitrone
100 g Sahne
3 EL Mayonnaise
Salz · Pfeffer aus der Mühle
Zucker
125 g Walnusskernhälften
einige schöne Salatblätter
Orangenschalenzesten
zum Garnieren

### Zubereitung

FÜR 4 PERSONEN

1 Die Äpfel vierteln, schälen und die Kerngehäuse entfernen. Den Sellerie putzen, schälen und mit den Apfelvierteln auf der Gemüsereibe grob raspeln oder in feine Streifen schneiden. Sofort mit Zitronensaft beträufeln.

2 Für das Dressing die Sahne in einer Schüssel halbsteif schlagen. Nach und nach die Mayonnaise unterrühren und so lange rühren, bis eine glatte, cremige Sauce entstanden ist. Das Dressing mit Salz, Pfeffer und 1 Prise Zucker abschmecken.

3 Von den Walnüssen einige schöne Hälften zum Garnieren beiseitelegen, den Rest fein hacken. Das Dressing mit den Äpfeln, dem Sellerie und den gehackten Nüssen vermischen.

4 Die Salatblätter putzen, waschen und trocken schütteln. Nach Belieben in mundgerechte Stücke zupfen und auf Teller verteilen.

5 Den Waldorfsalat auf den Salatblättern anrichten, mit den beiseitegelegten Walnusshälften und mit den Orangenschalenzesten garnieren.

# Weißer-Bohnen-Salat
## mit Lauch und Koriander

### Zutaten

1 Stange Lauch · Salz
600 g dicke weiße Bohnen (tiefgekühlt)
1 TL ganzer Kümmel
2 EL Weißweinessig
Pfeffer aus der Mühle
4 EL Olivenöl
2 Knoblauchzehen
2 Stiele Koriander

### Zubereitung

FÜR 4 PERSONEN

1 Den Lauch putzen, waschen und in Ringe schneiden. Reichlich Salzwasser zum Kochen bringen, die unaufgetauten Bohnen dazugeben und aufkochen. Den Lauch und den Kümmel dazugeben und etwa 8 Minuten garen. In ein Sieb abgießen und gut abtropfen lassen.

2 Für die Vinaigrette den Essig mit Salz und Pfeffer verrühren, nach und nach das Olivenöl unterschlagen. Den Knoblauch schälen, in feine Würfel schneiden und dazugeben.

3 Den Koriander waschen und trocken schütteln. Die Blätter von den Stielen zupfen und unter die Vinaigrette rühren.

4 Die Bohnen und den Lauch in einer Schüssel mit der Vinaigrette vermischen. Den Salat vor dem Servieren zugedeckt etwa 1 Stunde durchziehen lassen.

# Kartoffelsalat
## mit Oliven und Rucola

*Leicht und frisch: Dieser mediterrane Kartoffelsalat mit Rucola, Oliven und getrockneten Tomaten ist der ideale Snack an heißen Sommertagen*

### Zutaten

800 g kleine festkochende Kartoffeln
125 ml Orangensaft
4 EL Balsamico bianco
1 TL Dijon-Senf
Salz · Pfeffer aus der Mühle
8 EL Olivenöl
125 g Rucola
10 getrocknete Tomaten (in Öl)
1/2 Bund Schnittlauch
100 g schwarze Oliven (ohne Stein)

### Zubereitung

FÜR 4 PERSONEN

1 Die Kartoffeln mit der Schale gründlich waschen und in Salzwasser etwa 20 Minuten weich garen. Die Kartoffeln abgießen, ausdampfen lassen und möglichst heiß pellen. Anschließend die Kartoffeln vierteln.

2 Für die Vinaigrette den Orangensaft mit dem Essig, dem Senf, 1/2 TL Salz und Pfeffer verrühren, nach und nach das Olivenöl unterschlagen. Die Vinaigrette mit den noch warmen Kartoffeln vermischen und die marinierten Kartoffeln zugedeckt mindestens 30 Minuten durchziehen lassen.

3 Den Rucola verlesen, waschen und trocken schleudern, grobe Stiele entfernen. Die Blätter nach Belieben in mundgerechte Stücke zupfen.

4 Die Tomaten auf Küchenpapier abtropfen lassen und in Streifen schneiden. Den Schnittlauch waschen, trocken schütteln und in Röllchen schneiden. Rucola, Tomaten, Schnittlauch und Oliven unter die Kartoffeln mischen.

**Tipp›** Dieser Sommersalat eignet sich auch fürs Partybüfett oder als Mitbringsel, denn er verträgt etwas Standzeit. Den Rucola aber erst so spät wie möglich untermischen, damit er nicht zusammenfällt.

# Kichererbsen-Spinat-Salat
## mit Avocado und Tomaten

*Nichts für Erbsenzähler: Exotische Hülsenfrüchte sorgen in diesem raffinierten Spinatsalat für den richtigen Pfiff und Biss*

### Zutaten

500 g junger Spinat
1 Dose Kichererbsen (ca. 400 g)
1/2 reife Avocado
2 Fleischtomaten
8 Pflaumen oder Zwetschgen
3 Frühlingszwiebeln
2 EL Apfelessig
1 TL Senf
Zucker
Salz · Pfeffer aus der Mühle
5 EL Olivenöl

### Zubereitung

FÜR 4 PERSONEN

1 Den Spinat verlesen, waschen und trocken schleudern. Die Kichererbsen in einem Sieb abbrausen und abtropfen lassen.

2 Die Avocado schälen, den Stein entfernen und das Fruchtfleisch in Würfel schneiden.

3 Die Fleischtomaten waschen, halbieren, entkernen und in kleine Würfel schneiden, dabei die Stielansätze entfernen. Die Pflaumen oder Zwetschgen waschen, halbieren und den Stein entfernen. Die Pflaumenhälften in Spalten schneiden. Die Frühlingszwiebeln putzen, waschen und klein schneiden.

4 Für die Vinaigrette den Essig mit dem Senf, 1 bis 2 Prisen Zucker, Salz und Pfeffer verrühren, nach und nach das Olivenöl unterschlagen. Zuletzt die Frühlingszwiebeln unterrühren.

5 Den Spinat, die Kichererbsen, die Avocado, die Tomaten und die Pflaumen in einer großen Schüssel mischen. Auf Tellern anrichten und mit der Vinaigrette beträufeln.

Tipp› Sie können auch getrocknete Kichererbsen verwenden: Dafür die Erbsen über Nacht in einer Schüssel in reichlich kaltem Wasser einweichen und am nächsten Tag wie auf Seite 49 beschrieben garen.

# Bohnen-Reis-Salat
## mit Gurke und Tomaten

### Zutaten

Salz · 150 g Langkornreis
150 g Kidneybohnen (aus der Dose)
150 g dicke weiße Bohnen (aus der Dose)
2 Tomaten
1/2 kleine Salatgurke
2 EL Weißweinessig
Pfeffer aus der Mühle
5 EL Öl
2 EL gehackte Petersilie

### Zubereitung

FÜR 4 PERSONEN

1 In einem kleinen Topf 300 ml leicht gesalzenes Wasser zum Kochen bringen, den Reis hinzufügen und mit geschlossenem Deckel bei schwacher Hitze etwa 20 Minuten bissfest garen. Anschließend abkühlen lassen.

2 Die Kidneybohnen und die weißen Bohnen in einem Sieb abbrausen und abtropfen lassen. Die Tomaten kreuzweise einritzen, überbrühen, häuten, vierteln, entkernen und in kleine Würfel schneiden.

3 Die Gurke waschen und längs halbieren. Die Kerne mit einem Teelöffel entfernen und die Gurke in kleine Würfel schneiden.

4 Für die Vinaigrette den Essig mit Salz und Pfeffer verrühren, nach und nach das Öl unterschlagen. Zum Schluss die Petersilie unterrühren.

5 Den Reis in einer großen Schüssel mit den Bohnen, den Tomaten, der Gurke und der Vinaigrette mischen. Den Salat vor dem Servieren mindestens 20 Minuten ziehen lassen.

# Kichererbsensalat
## mit Fenchel und Zwiebeln

### Zutaten

250 g getrocknete Kichererbsen
1 Fenchelknolle
Salz · 2 rote Zwiebeln
einige Stiele Petersilie
2 EL Weißweinessig
1 EL Zitronensaft
Pfeffer aus der Mühle
4 EL Olivenöl

### Zubereitung

FÜR 4 PERSONEN

1 Die Kichererbsen über Nacht in kaltem Wasser einweichen. Am nächsten Tag in ein Sieb abgießen, kalt abbrausen und abtropfen lassen. Die Kichererbsen in einem Topf mit 1 1/2 l Wasser aufkochen und bei schwacher Hitze zugedeckt etwa 1 1/2 Stunden garen. Anschließend in ein Sieb abgießen und abtropfen lassen.

2 Den Fenchel putzen, waschen und in feine Streifen schneiden, dabei den harten Strunk entfernen. Fenchel in kochendem Salzwasser 5 Minuten bissfest blanchieren. In ein Sieb abgießen, kalt abschrecken und abtropfen lassen.

3 Die Zwiebeln schälen und in feine Streifen schneiden. Die Petersilie waschen und trocken schütteln, die Blätter von den Stielen zupfen und fein hacken.

4 Für die Vinaigrette den Essig mit dem Zitronensaft, Salz und Pfeffer verrühren, nach und nach das Olivenöl unterschlagen. Kichererbsen, Fenchel, Zwiebeln und Petersilie in einer Schüssel mit der Vinaigrette vermischen. Den Kichererbsensalat vor dem Servieren durchziehen lassen.

# Rote-Linsen-Salat
## mit Rucola und Ziegenkäse

*Daran isst man sich gerne satt: Dieser Salat mit Hülsenfrüchten und pikantem Käse ersetzt leicht eine komplette Mahlzeit*

### Zutaten

200 g rote Linsen
2 EL Olivenöl
2 TL gehackte Rosmarinnadeln
400 ml Gemüsebrühe
1/2 Bund Frühlingszwiebeln
100 g Rucola
4 EL Weißweinessig
Salz · Pfeffer aus der Mühle
3 EL Öl
1 Knoblauchzehe
4 kleine Ziegenkäse
(à ca. 50 g)

### Zubereitung

FÜR 4 PERSONEN

1 Die Linsen in einem Sieb unter fließendem kaltem Wasser waschen und abtropfen lassen. Das Olivenöl in einem Topf erhitzen und den Rosmarin darin kurz anbraten. Die Linsen und die Brühe dazugeben und alles bei schwacher Hitze mit geschlossenem Deckel 10 Minuten garen. Die Linsen in ein Sieb abgießen und abtropfen lassen.

2 Die Frühlingszwiebeln putzen, waschen und in Ringe schneiden. Den Rucola verlesen, waschen und trocken schleudern, grobe Stiele entfernen. Die Blätter nach Belieben in mundgerechte Stücke zupfen.

3 Für die Vinaigrette den Essig mit Salz und Pfeffer verrühren, nach und nach das Öl unterschlagen. Von der Vinaigrette 4 EL abnehmen und unter die Linsen mischen. Den Knoblauch schälen, in feine Würfel schneiden und untermischen. Den Linsensalat mit Salz und Pfeffer abschmecken.

4 Die Ziegenkäse in größere Stücke schneiden und in einer beschichteten Pfanne ohne Fett rundum kurz anbraten. Die Frühlingszwiebeln, den Rucola und die restliche Vinaigrette unter den Salat mischen und mit dem Ziegenkäse auf Tellern anrichten. Nach Belieben mit Rosmarinzweigen garnieren.

Tipp› Rote Linsen haben eine vergleichsweise kurze Garzeit. Achten Sie beim Einkauf unbedingt darauf, dass Sie zu ganzen Linsen greifen – die gespaltenen zerfallen noch schneller beim Kochen.

# Bauerngartensalat
## mit Ziegenfeta

*Lust auf einen kulinarischen Landausflug? Frisch gepflückte Kräuter und farbenfrohe Blüten holen das Beste aus dem Garten in die Küche!*

### Zutaten

1 Kopf Blattsalat (z. B. Lollo rosso, Romanasalat)
1 Handvoll Rucola
250 g Tomaten
1 Paprikaschote · 8 Radieschen
2 Möhren · 1 Frühlingszwiebel
1 kleiner Apfel
2 EL Olivenöl
1 Schuss Aceto balsamico
1 TL Senf
1 EL helle Sesamsamen
150 g Naturjoghurt
Salz · Pfeffer aus der Mühle
100 g Ziegenfeta
1 Handvoll gehackte Kräuter (z. B. Petersilie, Dill, Schnittlauch, Basilikum)
1 Handvoll gemischte Essblüten (z. B. Kapuzinerkresse-, Sauerklee- oder Rosenblüten)

### Zubereitung

FÜR 4 PERSONEN

1 Den Blattsalat und den Rucola verlesen, waschen und trocken schleudern, grobe Rucolastiele entfernen. Die Tomaten waschen, vierteln und die Stielansätze entfernen. Die Paprikaschote längs halbieren, entkernen, waschen und in kleine Stücke schneiden. Die Radieschen putzen und waschen. Große Radieschen in Scheiben schneiden, kleinere ganz lassen oder halbieren.

2 Die Möhren putzen und schälen. Eine Möhre raspeln, die andere in feine Streifen schneiden. Die Frühlingszwiebel putzen, waschen und in feine Ringe schneiden. Den Apfel vierteln, schälen und das Kerngehäuse entfernen. Die Apfelviertel in kleine Stücke schneiden.

3 Für das Dressing das Olivenöl mit dem Essig in einer großen Schüssel verrühren. Den Senf, die Sesamsamen und den Joghurt unterrühren. Mit Salz und Pfeffer würzen. Die Möhrenraspel, die Frühlingszwiebelringe und die Apfelstücke mit dem Dressing mischen.

4 Die Salatblätter in mundgerechte Stücke zupfen und mit dem Rucola, den Tomatenvierteln, den Paprikastücken und den Radieschen unter das Dressing mischen. Den Feta in kleine Würfel schneiden. Den Salat auf Teller verteilen, den Ziegenfeta darauf anrichten und mit den Kräutern, den Möhrenstreifen und den Essblüten garnieren.

# Salate mit Nudeln, Reis & Co.

# Reissalat
## mit Spargel und Mais

*In jedem Jahr aufs Neue begehrt: Auch als Salat angemacht, lässt frischer Spargel Feinschmeckerherzen höherschlagen*

### Zutaten

1/2 Bund Frühlingszwiebeln
1 rote Paprikaschote
12 Stangen grüner Spargel
Salz
100 g Maiskörner
(aus der Dose)
Saft von 1 Zitrone
Pfeffer aus der Mühle
6 EL Olivenöl
400 g Langkornreis (gegart)
1 Bio-Zitrone
Basilikumblätter
zum Garnieren

### Zubereitung

FÜR 4 PERSONEN

1 Die Frühlingszwiebeln putzen, waschen und in feine Ringe schneiden. Die Paprikaschote längs halbieren, entkernen, waschen und in kleine Würfel schneiden.

2 Den Spargel waschen und im unteren Drittel schälen, die holzigen Enden abschneiden. Die Spargelstangen in etwa 4 cm lange Stücke schneiden und in kochendem Salzwasser etwa 10 Minuten garen. Nach 6 Minuten Garzeit die Paprikawürfel hinzufügen und mitgaren. Das Gemüse in ein Sieb abgießen, kalt abschrecken und abtropfen lassen. Den Mais in ein Sieb abgießen und abtropfen lassen.

3 Für die Marinade den Zitronensaft mit Salz und Pfeffer verrühren, nach und nach das Olivenöl unterschlagen. Den Reis mit den Frühlingszwiebelringen, den Paprikawürfeln, den Spargelstücken und dem Mais vermischen. Die Marinade unterrühren und den Salat nochmals abschmecken.

4 Die Zitrone heiß waschen, trocken reiben und in Spalten schneiden. Zum Servieren den Reissalat auf Tellern anrichten und mit Zitronenspalten und Basilikumblättern garnieren.

Tipp› Versuchen Sie statt Zitronensaft auch einmal Balsamico bianco. Zusätzlich können Sie dann je 1 Schalotte und Knoblauchzehe schälen, in feine Würfel schneiden und unter die Vinaigrette rühren.

# Wildreissalat mit Rucola und Radieschen

*Kernig, knackig und gesund: An diesem Mix aus Wildreis, Rucola und scharfen Radieschen kann man sich ohne Reue satt essen*

## Zutaten

200 g Wildreis · Salz
1/2 TL gemahlener Kreuzkümmel
abgeriebene Schale und Saft von 2 Bio-Zitronen
1 walnussgroßes Stück Ingwer
2 rote Zwiebeln
2 TL Honig
2 TL eingelegte grüne Pfefferkörner (aus dem Glas)
Pfeffer aus der Mühle
je 1 Bund Rucola und Radieschen
5 EL Olivenöl

## Zubereitung

FÜR 4 PERSONEN

1 Den Wildreis mit 400 ml Wasser, Salz, Kreuzkümmel und Zitronenschale aufkochen und mit geschlossenem Deckel bei schwacher Hitze etwa 45 Minuten quellen lassen. Dann vom Herd nehmen und abkühlen lassen.

2 Den Ingwer schälen und fein reiben. Die Zwiebeln schälen und in feine Würfel schneiden. Für die Marinade den Zitronensaft mit dem Honig, den Pfefferkörnern und etwas Pfeffer in einer Schüssel verrühren. Ingwer und Zwiebelwürfel dazugeben und die Marinade etwa 30 Minuten ziehen lassen.

3 Inzwischen den Rucola verlesen, waschen und trocken schleudern, grobe Stiele entfernen. Die Blätter in mundgerechte Stücke zupfen. Die Radieschen putzen, waschen und in Scheiben schneiden. Wildreis, Rucola und Radieschen in einer Schüssel mischen.

4 Das Olivenöl nach und nach unter die Zwiebel-Ingwer-Marinade schlagen. Die Marinade mit Salz und Pfeffer würzen und unter den Wildreissalat mischen.

**Tipp›** Wenn Sie keinen Wildreis bekommen, können Sie ebenso gut Naturreis für diesen Salat verwenden. Sie können aber auch jeweils 100 g Wildreis und Naturreis mischen.

# Reissalat
## mit Bohnen und Kürbis

### Zutaten

Salz · 150 g Langkornreis

2 Frühlingszwiebeln

200 g Kürbisfruchtfleisch

150 g Bohnenkerne (tiefgekühlt)

2 EL Olivenöl

je 125 ml Gemüsebrühe und Weißwein

gemahlener Kümmel

3 EL Zitronensaft

Pfeffer aus der Mühle

2 EL Erdnusskerne

1 EL gehackte Petersilie

1 kleine Salatgurke

### Zubereitung

FÜR 4 PERSONEN

1 In einem Topf 300 ml leicht gesalzenes Wasser aufkochen und den Reis hinzufügen. Mit geschlossenem Deckel bei schwacher Hitze etwa 20 Minuten bissfest garen.

2 Die Frühlingszwiebeln putzen, waschen und in feine Ringe schneiden. Das Kürbisfleisch in Würfel schneiden. Die Bohnenkerne in Salzwasser etwa 2 Minuten blanchieren, abgießen, kalt abschrecken und abtropfen lassen.

3 Das Olivenöl in einer großen Pfanne erhitzen, die Frühlingszwiebeln, den Kürbis und die Bohnen darin anbraten. Brühe und Wein angießen, aufkochen lassen und mit 1 Prise Kümmel würzen. Etwa 15 Minuten offen köcheln lassen, bis die Flüssigkeit verdampft ist. Das Gemüse etwas abkühlen lassen und mit Zitronensaft, Salz und Pfeffer würzen. Den Reis untermischen.

4 Die Erdnüsse grob zerkleinern, mit der Petersilie unter den Reis rühren und etwa 30 Minuten durchziehen lassen. Die Gurke waschen und der Länge nach in dünne Scheiben hobeln. Den Salat mit den Gurkenscheiben garnieren.

# Fusillisalat
## mit Kichererbsen

### Zutaten

80 g Kichererbsen (getrocknet)
Salz · 300 g Fusilli
2 rote Paprikaschoten
1 grüne Chilischote
1 Zwiebel
1/2 Bund Salbei
1 EL Butterschmalz
Pfeffer aus der Mühle
125 ml Weißwein
2 EL Rotweinessig
4 EL Olivenöl
1 EL gehackte Petersilie

### Zubereitung

FÜR 4 PERSONEN

1 Die Kichererbsen über Nacht in kaltem Wasser einweichen. In ein Sieb abgießen, kalt abbrausen und abtropfen lassen. In leicht gesalzenem Wasser bei schwacher Hitze mit geschlossenem Deckel etwa 2 Stunden garen. In ein Sieb abgießen und abtropfen lassen.

2 Die Fusilli in reichlich kochendem Salzwasser nach Packungsanweisung bissfest garen. In ein Sieb abgießen, kalt abschrecken und abtropfen lassen, dabei etwas Kochwasser auffangen und beiseitestellen.

3 Die Paprika- und Chilischoten längs halbieren, entkernen und waschen. Paprika in 1 cm große Würfel schneiden, Chili in feine Würfel schneiden. Zwiebel schälen und in Würfel schneiden. Den Salbei waschen und trocken schütteln, die Blätter abzupfen und in Streifen schneiden.

4 Zwiebel im heißen Schmalz glasig dünsten. Paprika und Chili mitdünsten, salzen und pfeffern. Wein angießen und offen köcheln lassen, bis die Flüssigkeit verdampft ist. Kichererbsen und Salbei unterrühren. Essig, Salz, Pfeffer, Olivenöl und Nudelwasser verrühren. Alle Zutaten mit der Sauce vermischen, mit Petersilie bestreuen.

# Taboulé libanais
## mit Minze

*Allrounder aus dem Libanon: schmeckt als leichtes Hauptgericht und als Beilage – oder einfach zwischendurch!*

### Zutaten

Salz
120 g Bulgur
3 Tomaten
2 Handvoll Petersilie
3 Zweige Minze
2 Frühlingszwiebeln
1 Schalotte
4 – 5 EL Zitronensaft
4 – 5 EL Olivenöl
Pfeffer aus der Mühle
Minze und Petersilie zum Garnieren

### Zubereitung

FÜR 4 PERSONEN

1 In einem Topf 300 ml Salzwasser zum Kochen bringen. Vom Herd nehmen, den Bulgur unterrühren und 15 Minuten quellen lassen. Anschließend mit einer Gabel auflockern. Die Tomaten waschen, vierteln und die Stielansätze und die Kerne entfernen. Das Fruchtfleisch in kleine Würfel schneiden.

2 Die Petersilie und die Minze waschen, trocken schütteln, die Blätter abzupfen und im Blitzhacker zerkleinern. Die Frühlingszwiebeln putzen, waschen und in feine Ringe schneiden. Die Schalotte schälen und in feine Ringe schneiden.

3 Für die Vinaigrette den Zitronensaft mit dem Olivenöl verrühren und mit Salz und Pfeffer würzen. Den Bulgur mit den Tomaten, den Kräutern, der Frühlingszwiebel und der Schalotte vermischen und die Vinaigrette darüberträufeln.

4 Das Taboulé mindestens 30 Minuten ziehen lassen und vor dem Servieren nochmals mit Salz und Pfeffer abschmecken. In Schälchen anrichten, mit Minze und Petersilie garnieren und nach Belieben mit Fladenbrot servieren.

Tipp› Verwenden Sie für das Rezept Bulgur in sehr feiner Körnung, so bekommt das Taboulé die richtige Konsistenz. Kochen Sie den Bulgur doch einmal in Gemüsebrühe oder schwachem Pfefferminztee!

# Reisnudelsalat
## mit Hackfleisch und Ei

*Köstlich fernöstlich: Für diesen exotischen Salat treffen sich Hackfleisch, Nudeln und Ei zu einem kulinarischen Stelldichein*

### Zutaten

250 g Reisnudeln
3 – 4 Chinakohlblätter
1 rote Paprikaschote
1 Tomate
2 Schalotten
3 Knoblauchzehen
2 EL Öl
300 g gemischtes Hackfleisch
Salz · Pfeffer aus der Mühle
1 Ei · 1/2 Bund Koriander
40 g Cashewkerne
2 EL Reisessig
2 EL Fischsauce
1 EL Limettensaft
1/2 TL Sambal Oelek
Zucker
1 Bio-Limette

### Zubereitung

FÜR 4 PERSONEN

1 Die Reisnudeln mit kochendem Wasser übergießen und 10 Minuten quellen lassen. In ein Sieb abgießen und abtropfen lassen.

2 Die Chinakohlblätter waschen, trocken schütteln und in Streifen schneiden. Die Paprikaschote längs halbieren, entkernen, waschen und in kleine Würfel schneiden. Die Tomate waschen, halbieren, entkernen und ebenfalls in Würfel schneiden, dabei den Stielansatz entfernen. Die Schalotten und den Knoblauch schälen und in feine Würfel schneiden.

3 Das Öl in einer Pfanne oder im Wok erhitzen und das Hackfleisch darin bei starker Hitze etwa 5 Minuten braten. Schalotten und Knoblauch dazugeben und einige Minuten mitbraten. Mit Salz und Pfeffer würzen und herausnehmen.

4 Das Ei verquirlen, in der heißen Pfanne oder im Wok unter Rühren stocken lassen und beiseitestellen. Den Koriander waschen und trocken schütteln, die Blätter von den Stielen zupfen und in Streifen scheiden. Die Cashewkerne grob hacken.

5 Für die Vinaigrette den Essig mit der Fischsauce, dem Limettensaft, Sambal Oelek, 2 EL Wasser und 1 Prise Zucker verrühren. Die Limette heiß waschen, trocken reiben und in dünne Spalten schneiden.

6 Reisnudeln, Chinakohl, Paprika, Tomate, Hackfleisch, Ei, Koriander und Cashewkerne mit der Vinaigrette vermischen, mit Limettenspalten anrichten und lauwarm servieren.

# Nudelsalat
## mit Pilzen und Rucola

### Zutaten

250 g Penne · Salz

1 Schalotte · 2 Knoblauchzehen

250 g Pilze (z. B. Champignons, Egerlinge oder Austernpilze)

1 EL Butter

Pfeffer aus der Mühle

50 g Rucola

100 g Cocktailtomaten

3 EL Rotweinessig

3 EL Orangensaft

$^1/_2$ TL Senf

5 EL Olivenöl

### Zubereitung

FÜR 4 PERSONEN

1 Die Penne in reichlich kochendem Salzwasser nach Packungsanweisung bissfest garen. In ein Sieb abgießen, kalt abschrecken und abtropfen lassen.

2 Die Schalotte und den Knoblauch schälen und in feine Würfel schneiden. Die Pilze putzen, mit Küchenpapier trocken abreiben und je nach Größe halbieren oder vierteln. Die Butter in einer Pfanne zerlassen, Schalotte und Knoblauch darin andünsten. Die Pilze kurz mitbraten, mit Salz und Pfeffer würzen und vom Herd nehmen.

3 Den Rucola verlesen, waschen und trocken schleudern, grobe Stiele entfernen. Die Blätter nach Belieben in mundgerechte Stücke zupfen. Die Cocktailtomaten waschen und halbieren.

4 Für die Vinaigrette den Essig mit dem Orangensaft, dem Senf, Salz und Pfeffer verrühren, nach und nach das Olivenöl unterschlagen.

5 Die Penne mit Schalotte, Knoblauch, Pilzen, Rucola, Cocktailtomaten und der Vinaigrette in einer Schüssel vermischen. Den Salat vor dem Servieren mit Salz und Pfeffer abschmecken.

# Glasnudelsalat
## mit Mango und Garnelen

### Zutaten

200 g Glasnudeln · je 1/2 rote und grüne Paprikaschote
1/2 Bund Frühlingszwiebeln
125 g kleine Champignons
2 Knoblauchzehen
1 kleine Mango
250 g Garnelen (küchenfertig)
5 EL Sojasauce
4 EL Weißweinessig
2 EL Mangochutney (Fertigprodukt)
1 TL geriebener Ingwer · Zucker
Chilipulver · 3 EL Öl
Salz · Pfeffer aus der Mühle
Sesamchips zum Garnieren

### Zubereitung

FÜR 4 PERSONEN

1 Die Glasnudeln mit kochendem Wasser übergießen und 5 Minuten quellen lassen. In ein Sieb abgießen, kalt abschrecken, abtropfen lassen.

2 Paprikahälften entkernen, waschen und in Würfel schneiden. Frühlingszwiebeln putzen, waschen und in etwa 1 cm breite Ringe schneiden. Champignons putzen, mit Küchenpapier trocken abreiben und halbieren oder vierteln. Knoblauch schälen und fein würfeln. Die Mango schälen, Fruchtfleisch in Scheiben vom Stein schneiden. Die Garnelen abbrausen und trocken tupfen.

3 Für die Vinaigrette Sojasauce, Essig, Mangochutney, Ingwer, Zucker und Chilipulver verrühren. Das Öl in einer großen Pfanne oder im Wok erhitzen. Paprika, Frühlingszwiebeln, Pilze und Knoblauch darin bei starker Hitze unter Rühren 4 Minuten scharf anbraten. Die Garnelen hinzufügen, 2 Minuten mitbraten und mit Salz und Pfeffer würzen. Die Mango untermischen.

4 Die Vinaigrette zum Gemüse geben und aufkochen lassen. Die Glasnudeln mit einer Schere in mundgerechte Stücke schneiden und untermischen. Den Glasnudelsalat mit Sesamchips garniert servieren.

# Reisnudelsalat
## mit Garnelen und Koriander

*Garantiert ein guter Fang: Mit Glasnudeln und kunstvoll geformten Frühlingszwiebeln kommen Garnelen ganz groß raus*

### Zutaten

100 g dünne Reisnudeln
200 g Garnelen (vorgegart)
1 rote Paprikaschote
4 Frühlingszwiebeln
1 Bund Koriander
1 TL grüne Currypaste
1 1/2 EL Fischsauce
ca. 2 EL Limettensaft
2 EL Sesamöl

### Zubereitung

FÜR 4 PERSONEN

1. Die Reisnudeln mit kochendem Wasser übergießen und 10 Minuten quellen lassen. Anschließend in ein Sieb abgießen und abtropfen lassen.
2. Die Garnelen in einem Sieb kalt abbrausen und trocken tupfen. Die Paprikaschote längs vierteln, entkernen, waschen und in dünne Streifen schneiden. Die Frühlingszwiebeln putzen, waschen und schräg in Ringe schneiden. Den Koriander waschen und trocken schütteln, die Blätter abzupfen.
3. Für die Marinade die Currypaste mit etwa 3 EL heißem Nudelwasser glatt rühren. Die Fischsauce und den Limettensaft unterrühren, nach und nach das Öl unterschlagen.
4. Die Reisnudeln mit einer Schere in mundgerechte Stücke schneiden. Die Nudeln in einer Schüssel mit den Garnelen, der Paprika, den Frühlingszwiebeln und dem Koriander vermischen. Die Marinade unterrühren und den Reisnudelsalat in Schälchen anrichten. Nach Belieben mit Limettenspalten und selbst gemachten Frühlingszwiebelblumen (siehe Tipp) servieren.

**Tipp›** Für die Frühlingszwiebelblumen Frühlingszwiebeln putzen, waschen und das Grün quer kappen. Die Blätter mehrmals fein längs einschneiden und in Eiswasser legen, bis sich die Blattspitzen kringeln.

# Nudelsalat
## mit Garnelen und Kräutern

### Zutaten

300 g Garganelli (ersatzweise Penne) · Salz
200 g Garnelen (küchenfertig)
6 EL Olivenöl
1 EL Zitronensaft
4 Knoblauchzehen
2 EL gehacktes Basilikum
1 TL gehackter Rosmarin
Pfeffer aus der Mühle

### Zubereitung

FÜR 4 PERSONEN

1 Die Garganelli in reichlich kochendem Salzwasser nach Packungsanweisung bissfest garen. In ein Sieb abgießen, kalt abschrecken und abtropfen lassen.

2 Die Garnelen in einem Sieb kalt abbrausen, abtropfen lassen und trocken tupfen. In einer Pfanne 2 EL Olivenöl erhitzen und die Garnelen darin rundum anbraten. Anschließend herausnehmen und mit Zitronensaft beträufeln.

3 Den Knoblauch schälen und in feine Würfel schneiden. Das restliche Olivenöl in der Pfanne erhitzen und den Knoblauch darin anbraten. Vom Herd nehmen, die Kräuter hineingeben und das Öl etwas abkühlen lassen.

4 Die Nudeln und die Garnelen in einer Schüssel mischen. Das Knoblauch-Kräuter-Öl unterrühren und den Salat mit Salz und Pfeffer würzen. Den Nudelsalat nach Belieben mit Rosmarinzweigen, Basilikumblättern und Zitronenscheiben garniert servieren.

# Nudelsalat
## mit Putenbrust

### Zutaten

200 g chinesische Weizennudeln
Salz
100 g Shiitakepilze · 3 EL Öl
4 Frühlingszwiebeln · 1 Möhre
je 1 Handvoll Mungobohnensprossen und junge Spinatblätter
150 g geräucherte Putenbrust
1 TL Sojasauce · 2 EL Sherrysauce
2 EL trockener Sherry · Pfeffer
1 EL frisch geriebener Meerrettich
1 TL frisch geriebener Ingwer
1 EL Walnussöl
1 EL gehackter Koriander
2 EL Cashewkerne

### Zubereitung

FÜR 4 PERSONEN

1 Die Weizennudeln in reichlich kochendem Salzwasser nach Packungsanweisung bissfest garen. In ein Sieb abgießen, kalt abschrecken und abtropfen lassen.

2 Die Pilze putzen, mit Küchenpapier trocken abreiben und vierteln. Das Öl in einer Pfanne erhitzen und die Pilze darin kurz anbraten. Die Frühlingszwiebeln putzen, waschen und in feine Ringe schneiden. Die Möhre putzen, schälen und in dünne Stifte schneiden. Die Mungosprossen abbrausen und abtropfen lassen.

3 Den Spinat verlesen, waschen, trocken schütteln und in breite Streifen schneiden. Alle vorbereiteten Zutaten in einer Schüssel unter die Nudeln mischen. Die Putenbrust in dünne Scheiben schneiden.

4 Für die Marinade Soja- und Sherrysauce mit Sherry, Pfeffer, Meerrettich und Ingwer verrühren, dann das Walnussöl unterschlagen. Die Marinade sorgfältig unter den Salat mischen und etwa 5 Minuten ziehen lassen. Auf Schälchen verteilen, mit Putenbrust belegen und den Nudelsalat mit Koriander und Cashewkernen bestreut servieren.

# Getreide-Schichtsalat mit Flusskrebsfleisch

*Etwas Besonderes, wenn Gäste kommen:*
*Nicht nur der Inhalt, sondern auch die Optik ist raffiniert!*

## Zutaten

1 Schalotte

2 EL Sesamöl

1/4 l Gemüsebrühe

100 g Hirse

2 Möhren

4 Blätter Kopfsalat

250 g Flusskrebsfleisch

2 EL helle Sesamsamen

2 EL Zitronensaft

2 EL Balsamico bianco

2 EL Olivenöl

1 TL Honig

Salz · Pfeffer aus der Mühle

Koriander zum Garnieren

## Zubereitung

FÜR 4 PERSONEN

1 Die Schalotte schälen und in feine Würfel schneiden. In einer Pfanne 1 EL Sesamöl erhitzen und die Schalottenwürfel darin andünsten, mit der Brühe ablöschen. Die Hirse in einem Sieb lauwarm abbrausen, abtropfen lassen und zur Brühe geben. Mit geschlossenem Deckel etwa 15 Minuten köcheln lassen. Vom Herd nehmen und weitere 15 bis 20 Minuten zugedeckt quellen lassen, bis die gesamte Flüssigkeit aufgesogen ist.

2 Die Möhren putzen, schälen und in feine Streifen schneiden oder hobeln. Die Salatblätter waschen, trocken schütteln und in Streifen schneiden. Das Flusskrebsfleisch abbrausen und abtropfen lassen. Den Sesam in einer Pfanne ohne Fett leicht anrösten und abkühlen lassen.

3 Für die Vinaigrette den Zitronensaft mit dem Essig, dem restlichen Sesamöl, dem Olivenöl und dem Honig verrühren und mit Salz und Pfeffer würzen.

4 Die Hirse abwechselnd mit den Möhren, dem Salat und dem Krebsfleisch in hohe Gläser schichten, mit etwas Sesam bestreuen und mit dem Dressing beträufeln. Den Getreide-Schichtsalat mit Koriander garniert servieren.

**Tipp›** Flusskrebse haben ein angenehm bissfestes Fleisch mit leicht nussigem Geschmack. Sie können sie aber auch durch vorgegarte und geschälte Riesengarnelen ersetzen.

# Nudelsalat
## mit Zucchini

*Immer ein Erfolg: Mit diesem mediterran angehauchten Salat machen Sie Ihre Gäste nicht nur satt, sondern auch glücklich*

### Zutaten

250 g Penne · Salz
250 g Cocktailtomaten
1/2 Romanasalat
125 g kleine Zucchini
10 Sardellenfilets (in Öl)
2 EL Zitronensaft
1 EL grobkörniger Senf
Pfeffer aus der Mühle
6 EL Olivenöl
150 g Ziegenfrischkäse
Basilikumblätter zum Garnieren

### Zubereitung

FÜR 4 PERSONEN

1 Die Penne in reichlich kochendem Salzwasser nach Packungsanweisung bissfest garen. In ein Sieb abgießen, kalt abschrecken und abtropfen lassen.

2 Die Cocktailtomaten waschen und halbieren. Den Romanasalat putzen, waschen, trocken schleudern und in Streifen schneiden. Die Zucchini putzen, waschen und längs in dünne Scheiben schneiden oder hobeln. Die Sardellenfilets auf Küchenpapier abtropfen lassen und klein schneiden.

3 Für die Marinade den Zitronensaft mit dem Senf verrühren und die Sardellen hinzufügen. Die Marinade mit Salz und Pfeffer würzen, nach und nach das Olivenöl unterschlagen.

4 Die Nudeln in einer Schüssel mit den Cocktailtomaten, dem Salat und den Zucchini vermischen. Den Ziegenkäse mit einer Gabel zerbröckeln und über den Salat streuen. Den Nudelsalat mit Salz und Pfeffer würzen, die Marinade darüberträufeln, gut untermischen und den Salat nochmals abschmecken. Mit Basilikumblättern garnieren und nach Belieben mit Grissini (siehe Tipp) servieren.

**Tipp›** Grissini selbst gemacht: 400 g Mehl mit 50 g weicher Butter, 4 EL Wasser und etwas Salz verkneten. Den Teig 30 Minuten kühl stellen. Bleistiftdicke Stangen bei 200 °C im Ofen 10 Minuten backen.

# Nudelsalat
## mit Oliven und Kapern

### Zutaten

400 g Penne · Salz

2 rote Paprikaschoten

100 g grüne Oliven (ohne Stein)

1 grüne Peperoni

4 EL Weißweinessig

Pfeffer aus der Mühle

6 EL Olivenöl

2 EL Kapern

### Zubereitung

FÜR 4 PERSONEN

1 Die Penne in reichlich kochendem Salzwasser nach Packungsanweisung bissfest garen. In ein Sieb abgießen, kalt abschrecken und abtropfen lassen.

2 Die Paprikaschoten längs halbieren, entkernen, waschen und in kleine Würfel schneiden. Die Oliven in Scheiben schneiden. Die Peperoni waschen und in feine Ringe schneiden, dabei nach Belieben entkernen.

3 Für die Vinaigrette den Essig mit Salz und Pfeffer verrühren, nach und nach das Olivenöl unterschlagen.

4 Die Penne mit Paprika, Oliven, Peperoni und Kapern in einer Schüssel mischen. Die Vinaigrette unterrühren und den Nudelsalat auf Tellern anrichten.

# Brotsalat
## mit Tomaten und Paprika

### Zutaten

250 g Weißbrot (vom Vortag)
150 ml Olivenöl
250 g Tomaten
2 gelbe Paprikaschoten
4 Frühlingszwiebeln
1 Knoblauchzehe
1 EL Kapern
1 EL gehacktes Basilikum
100 ml Gemüsebrühe
6 EL Rotweinessig
2 Lorbeerblätter
1 TL Zucker
Salz · Pfeffer aus der Mühle
Basilikumblätter zum Garnieren

### Zubereitung

FÜR 4 PERSONEN

1 Das Weißbrot nach Belieben entrinden und in etwa 1 1/2 cm große Würfel schneiden. In einer Pfanne 70 ml Olivenöl erhitzen und die Brotwürfel darin anrösten, dann abkühlen lassen.

2 Die Tomaten kreuzweise einritzen, überbrühen, häuten, vierteln, entkernen und in kleine Würfel schneiden. Die Paprikaschoten längs halbieren, entkernen, waschen und in kleine Würfel schneiden. Die Frühlingszwiebeln putzen, waschen und in feine Ringe schneiden. Den Knoblauch schälen und fein würfeln.

3 Alle vorbereiteten Zutaten mit den Kapern, dem Basilikum und 1 EL Olivenöl in einer Schüssel gut mischen.

4 Für die Vinaigrette die Brühe mit dem Essig, den Lorbeerblättern, dem Zucker, Salz und Pfeffer in einem Topf aufkochen. Vom Herd nehmen, etwas abkühlen lassen und die Lorbeerblätter entfernen. Nach und nach das restliche Olivenöl unterschlagen.

5 Die noch warme Vinaigrette unter den Salat mischen und den Brotsalat mit den Basilikumblättern garniert servieren.

# Couscoussalat
## mit Schafskäse

*Die Mischung macht's: Kombiniert mit Tomaten, Schafskäse, Pistazien und Nüssen, wird aus Couscous ein exklusives Gourmetgericht*

### Zutaten

400 g Couscous · Salz
3 Tomaten
1 große rote Zwiebel
2 Knoblauchzehen
150 g Schafskäse (Feta)
1/2 Bund Minze
3 EL Weißweinessig
1/2 TL gemahlener Koriander
Pfeffer aus der Mühle
6 EL Olivenöl
1 EL gehackte Pistazien
2 EL Erdnusskerne
Minzeblätter zum Garnieren

### Zubereitung

FÜR 4 PERSONEN

1 Den Couscous in einer Schüssel mit 400 ml kochendem Salzwasser übergießen und 5 Minuten zugedeckt quellen lassen. Dann mit einer Gabel mehrmals auflockern.

2 Die Tomaten waschen, vierteln, entkernen und in Würfel schneiden, dabei die Stielansätze entfernen. Die Zwiebel schälen, längs halbieren und in feine Streifen schneiden. Den Knoblauch schälen und in feine Würfel schneiden. Den Schafskäse in kleine Würfel schneiden. Die Minze waschen und trocken schütteln, die Blätter von den Stielen zupfen und grob hacken.

3 Für die Vinaigrette den Essig mit Koriander, Salz und Pfeffer verrühren, nach und nach das Olivenöl unterschlagen und nochmals abschmecken. Tomatenwürfel, Zwiebelstreifen und Knoblauch unterrühren und die Vinaigrette mit dem Couscous vermischen.

4 Den Schafskäse, die Minze, die Pistazien und die Erdnüsse dazugeben, locker unterheben und den Couscoussalat mit den Minzeblättern garnieren. Den Couscoussalat vor dem Servieren etwas durchziehen lassen.

Tipp› Couscous, das nordafrikanische Nationalgericht, besteht entweder aus Hartweizengrieß, Hirse oder einer Mischung aus beidem. Er ist vorgegart und muss deshalb nur kurz in Flüssigkeit quellen.

# Couscoussalat mit Tomaten und Spargel

*Eine grün-weiß-rote-Liaison: Diese Farbkombination sorgt auf dem Teller nicht nur bei Italienern für Begeisterung*

## Zutaten

80 g Couscous · Salz

150 g grüner Spargel

2 Tomaten

2 Frühlingszwiebeln

je 3 EL Zitronen- und Orangensaft

2 EL gehackte Petersilie

2 EL Olivenöl

1 Knoblauchzehe

Pfeffer aus der Mühle

## Zubereitung

FÜR 2 PERSONEN

1 Den Couscous in einer Schüssel mit 80 ml kochendem Salzwasser übergießen und 5 Minuten zugedeckt quellen lassen. Dann mit einer Gabel mehrmals auflockern.

2 Den Spargel waschen und im unteren Drittel schälen, die holzigen Enden abschneiden. Die Spargelstangen schräg in Scheiben schneiden und in kochendem Salzwasser 3 bis 4 Minuten blanchieren. In ein Sieb abgießen, kalt abschrecken und abtropfen lassen.

3 Die Tomaten über Kreuz einritzen, überbrühen, häuten, vierteln, entkernen und in kleine Würfel schneiden. Die Frühlingszwiebeln putzen, waschen und in feine Ringe schneiden.

4 Für die Marinade den Zitronen- und Orangensaft mit der Petersilie verrühren, nach und nach das Olivenöl unterschlagen. Den Knoblauch schälen und dazupressen.

5 Den Couscous mit dem Spargel, den Tomaten und den Frühlingszwiebeln vermischen. Die Marinade unterrühren und den Salat mit Salz und Pfeffer kräftig abschmecken.

Tipp› Dieser Salat lässt sich nach Lust und Laune variieren: Mischen Sie doch einmal Zucchini- oder Auberginenwürfel unter den Couscous oder verfeinern Sie ihn mit gebratenen Hähnchen- oder Putenbruststreifen.

# Hirsesalat
## mit Garnelen und Dill

*Gegensätze ziehen sich an: Wenn rustikale Hirse auf edle Meeresfrüchte trifft, kann garantiert niemand widerstehen*

### Zutaten

60 g Hirse
1 große Zwiebel
3 EL Öl
1/4 l Gemüsebrühe
250 g Salatgurke
3 EL Maiskörner (aus der Dose)
1 EL Zitronensaft
1 TL Aceto balsamico
Salz · Pfeffer aus der Mühle
6 Stiele Dill
120 g Eismeergarnelen (vorgegart)

### Zubereitung

FÜR 2 PERSONEN

1 Die Hirse in einem Sieb mit lauwarmem Wasser abbrausen und abtropfen lassen. Die Zwiebel schälen und in feine Würfel schneiden. In einer Pfanne 1/2 EL Öl erhitzen und die Hirse darin 2 bis 3 Minuten anrösten. Die Zwiebel hinzufügen und bei schwacher Hitze andünsten. Mit der Brühe ablöschen, einmal aufkochen und zugedeckt bei schwacher Hitze 15 Minuten quellen lassen.

2 Die Gurke waschen und längs halbieren. Die Kerne mit einem Teelöffel entfernen und die Gurke in kleine Würfel schneiden. Die Gurkenwürfel mit dem Mais unter die Hirse mischen.

3 Für die Vinaigrette den Zitronensaft mit dem Essig, Salz und Pfeffer verrühren, nach und nach das restliche Öl unterschlagen. Den Dill waschen, trocken schütteln und einen Stiel beiseitelegen. Die Dillspitzen von den Stielen zupfen, fein schneiden und unter die Vinaigrette rühren.

4 Den Hirsesalat mit der Vinaigrette vermischen. Die Garnelen auf einem Sieb abbrausen, abtropfen lassen und unter den Salat rühren. Den Salat in Schälchen verteilen und nach Belieben mit Dillspitzen garniert servieren.

Tipp› Hirse war bei uns in früheren Zeiten häufig auf dem Speiseplan zu finden. Vor allem im Orient gehört sie noch heute – neben Reis und Couscous – zu den Grundnahrungsmitteln.

# Salate mit Fisch und Fleisch

# Fenchelsalat
## mit Thunfisch und Orangen

*Leuchtende Farben geben den Ton an: Zartrosa Thunfisch und sonnengereifte Zitrusfrüchte sind ein Highlight an grauen Wintertagen*

### Zutaten

4 Fenchelknollen
4 Orangen
1 Grapefruit
1 EL Essig
Salz · Pfeffer aus der Mühle
3 EL Olivenöl
500 g Thunfischfilet
Olivenöl zum Einpinseln

### Zubereitung

FÜR 4 PERSONEN

1 Den Fenchel putzen, waschen und halbieren, den harten Strunk entfernen. Den Fenchel in Würfel schneiden. Etwas Fenchelgrün fein schneiden und beiseitelegen.

2 Die Orangen und die Grapefruit mit einem scharfen Messer so großzügig schälen, dass auch die weiße Haut mit entfernt wird. Die Fruchtfilets zwischen den einzelnen Trennhäuten herausschneiden und in Würfel schneiden. Die Orangen- und Grapefruitwürfel mit dem Fenchel in eine Schüssel geben.

3 Für die Vinaigrette den Essig mit Salz und Pfeffer verrühren, nach und nach das Olivenöl unterschlagen. Die Vinaigrette unter den Salat mischen und den Fenchelsalat 10 Minuten durchziehen lassen.

4 Den Backofengrill einschalten. Den Thunfisch waschen und mit Küchenpapier trocken tupfen. Den Fisch mit etwas Olivenöl einpinseln, mit Salz und Pfeffer würzen und in Stücke schneiden. Unter dem Grill oder in der Grillpfanne auf beiden Seiten 2 bis 3 Minuten grillen.

5 Den Salat auf Tellern anrichten, mit dem Fenchelgrün bestreuen und mit dem Thunfisch servieren. Nach Belieben Ciabatta dazu reichen.

Tipp› Beim Einkauf erkennt man frischen Fenchel leicht an seinem Grün: Hat es eine leuchtend grüne Farbe, ist das Gemüse frisch. Ist das Grün dunkel und welk, liegt die Knolle schon länger.

# Kopfsalat
## mit Garnelen und Chili

*Einfach raffiniert: Bei aller Leichtigkeit sorgt diese Kombination aus Chilischärfe und saftigen Garnelen für schwere Begeisterung*

### Zutaten

1 Kopfsalat (ca. 200 g)
2 rote Chilischoten
12–16 Garnelen (küchenfertig)
8 EL Olivenöl · Salz
4 EL Weißweinessig
2 TL grobkörniger Senf
Pfeffer aus der Mühle
Zucker

### Zubereitung

FÜR 4 PERSONEN

1 Vom Kopfsalat die äußeren Blätter entfernen. Den Salat in die einzelnen Blätter teilen, waschen, trocken schleudern, in Streifen schneiden und in eine Schüssel geben. Die Chilischoten längs halbieren, entkernen, waschen und in kleine Würfel schneiden.

2 Die Garnelen in einem Sieb kalt abbrausen, abtropfen lassen und trocken tupfen. In einer Pfanne 2 EL Olivenöl erhitzen, die Garnelen darin mit den Chiliwürfeln 3 bis 4 Minuten braten und mit etwas Salz würzen.

3 Für die Vinaigrette den Essig mit dem Senf, Salz, Pfeffer und 1 Prise Zucker verrühren, nach und nach das restliche Olivenöl unterschlagen.

4 Den Kopfsalat mit der Vinaigrette beträufeln und gut vermischen. Den Salat in Schälchen anrichten und die Garnelen mit den Chiliwürfeln darauf verteilen.

Tipp› Wer auf die scharfen Chilischoten lieber verzichten möchte, ersetzt sie durch 2 klein geschnittene Knoblauchzehen. Einfach mit dem Olivenöl erhitzen und die Garnelen in dem Knoblauchöl anbraten.

# Gemischter Blattsalat
## mit Scampi

### Zutaten

je 1/2 Lollo rosso und bianco

1 Bund Rucola

1 Avocado

Saft von 1/2 Zitrone

2 Schalotten

2 Stiele Petersilie

8 Scampi (küchenfertig; bis auf den Schwanzfächer geschält)

7 EL Olivenöl

4 EL Balsamico bianco

Salz · Pfeffer aus der Mühle

1 Streifen Bio-Orangenschale

1 Scheibe Ingwer

### Zubereitung

FÜR 4 PERSONEN

1 Den Lollo rosso und bianco putzen, waschen und trocken schleudern. Die Blätter nach Belieben in mundgerechte Stücke zupfen. Den Rucola verlesen, waschen und trocken schleudern, grobe Stiele entfernen. Die Blätter nach Belieben grob zerkleinern.

2 Die Avocado halbieren und den Stein entfernen. Die Avocadohälften schälen, das Fruchtfleisch in kleine Würfel schneiden und sofort mit dem Zitronensaft beträufeln. Die Schalotten schälen und in feine Würfel schneiden.

3 Die Petersilie waschen und trocken schütteln, die Blätter von den Stielen zupfen und fein hacken. Die Scampi in einem Sieb abbrausen und trocken tupfen. In einer Pfanne 2 EL Olivenöl erhitzen und die Scampi darin mit der Petersilie rundum 2 bis 3 Minuten braten.

4 Für die Vinaigrette Essig mit Salz und Pfeffer verrühren, nach und nach das restliche Olivenöl unterschlagen. Orangenschale und Ingwer hinzufügen, etwas ziehen lassen und entfernen. Blattsalate und Rucola mischen, mit der Vinaigrette beträufeln und auf Teller verteilen. Mit Scampi, Avocado und Schalotten anrichten.

# Meeresfrüchtesalat
## mit Grapefruit

### Zutaten

750 g Meeresfrüchte-Mix (tiefgekühlt; vorgegart)
Saft von 1 Zitrone
2 Kopfsalatherzen
1/2 Bund Frühlingszwiebeln
1 Grapefruit
Salz · Pfeffer aus der Mühle
4 EL Öl
Tabasco

### Zubereitung

FÜR 4 PERSONEN

1 Den Meeresfrüchte-Mix auftauen lassen, in einem Sieb abbrausen und trocken tupfen. Die Meeresfrüchte mit Zitronensaft beträufeln.

2 Vom Kopfsalat die äußeren Blätter entfernen. Den Salat in die einzelnen Blätter teilen, waschen, trocken schleudern und nach Belieben in mundgerechte Stücke zupfen.

3 Die Frühlingszwiebeln putzen, waschen und in feine Ringe schneiden. Die Grapefruit mit einem Messer so großzügig schälen, dass auch die weiße Haut mit entfernt wird. Die Fruchtfilets zwischen den einzelnen Trennhäuten herausschneiden, dabei den austretenden Saft auffangen.

4 Für die Marinade den Grapefruitsaft mit Salz und Pfeffer verrühren, nach und nach das Öl unterschlagen. Die Marinade mit einigen Spritzern Tabasco abschmecken.

5 Meeresfrüchte, Salat und Frühlingszwiebeln mit der Marinade vermischen. Die Grapefruitfilets auf dem Salat verteilen und nach Belieben mit frisch gerösteten Toastbrotecken servieren.

# Salade Niçoise
## mit Thunfisch und Ei

*Schlemmen wie in einem Straßencafé in Nizza:*
*ein Klassiker unter den Salaten, der richtig satt macht!*

### Zutaten

250 g grüne Bohnen · Salz
4 Tomaten
1 rote Zwiebel
100 g Blattsalat
(z. B. Kopfsalat, Romana)
350 g Thunfisch
(aus der Dose)
4 hart gekochte Eier
4 EL Weißweinessig
1–2 EL Zitronensaft
1 TL scharfer Senf
8 EL Olivenöl
Pfeffer aus der Mühle
Zucker
100 g schwarze Oliven
2 EL Kapern

### Zubereitung

FÜR 4 PERSONEN

1 Die Bohnen putzen, waschen und in kochendem Salzwasser 8 bis 10 Minuten garen. In ein Sieb abgießen, kalt abschrecken und abtropfen lassen.

2 Die Tomaten waschen, halbieren und vierteln, dabei die Stielansätze entfernen. Die Zwiebel schälen, längs halbieren und quer in Halbringe schneiden. Den Salat putzen, waschen, trocken schleudern und in mundgerechte Stücke zupfen.

3 Den Thunfisch gut abtropfen lassen und mit der Gabel grob zerpflücken. Die Eier pellen und vierteln.

4 Für die Vinaigrette den Essig mit dem Zitronensaft, dem Senf und dem Olivenöl verrühren. Mit Salz, Pfeffer und 1 Prise Zucker würzen.

5 Den Salat Niçoise auf einem großen Teller anrichten und die Oliven und die Kapern darüberstreuen. Mit der Vinaigrette beträufeln und nach Belieben mit Weißbrot servieren.

**Tipp›** Ergänzen Sie den Salat mit 4 Sardellenfilets und 1 roten Paprikaschote. Wenn Sie dann noch französischen Dijon-Senf verwenden, fühlen Sie sich sofort wie an der Côte d'Azur!

# Meeresfrüchtesalat
## mit roter Paprika

*Macht munter wie einen Fisch im Wasser: Dieser Meeresfrüchte-Mix mit buntem Gemüse kommt im Asia-Style auf den Tisch*

### Zutaten

200 g Kabeljaufilet
200 g Tintenfisch (küchenfertig; frisch oder tiefgekühlt)
600 g Miesmuscheln
400 ml Fischfond
2 große rote Paprikaschoten
2 Frühlingszwiebeln
4 EL Sojasauce
4 EL Zitronensaft
1 TL brauner Zucker
Salz
Pfeffer aus der Mühle
2 EL gehackter Koriander

### Zubereitung

FÜR 4 PERSONEN

1 Das Kabeljaufilet und den Tintenfisch waschen und mit Küchenpapier trocken tupfen. Das Fischfilet in Streifen, den Tintenfisch in kleine Stücke schneiden (tiefgekühlten Tintenfisch vorher auftauen lassen). Die Miesmuscheln unter fließendem kaltem Wasser gründlich säubern und die Bärte entfernen, geöffnete Exemplare aussortieren.

2 Den Fischfond in einem Topf aufkochen lassen. Den Kabeljau und den Tintenfisch darin bei schwacher Hitze 2 bis 3 Minuten garen. Anschließend mit einem Schaumlöffel herausnehmen und beiseitestellen. Die Muscheln in den Sud geben und darin zugedeckt 5 Minuten garen, bis sie sich geöffnet haben, dabei den Topf gelegentlich schütteln. Die Muscheln aus dem Sud nehmen und das Muschelfleisch auslösen, geschlossene Muscheln entfernen.

3 Die Paprikaschoten längs halbieren, entkernen, waschen und in feine Streifen schneiden. Die Frühlingszwiebeln putzen, waschen und in feine Ringe schneiden.

4 Für die Marinade die Sojasauce mit Zitronensaft, Zucker, Salz und Pfeffer verrühren, zuletzt den Koriander unterrühren. Den Kabeljau, den Tintenfisch, die Muscheln und das Gemüse mit der Marinade vermischen, in Schälchen anrichten und nach Belieben mit Korianderstielen garniert servieren.

# Rote-Bete-Salat
## mit Matjeshering

### Zutaten

500 g Rote Beten
(vorgegart und vakuumiert)
2 Äpfel
1 kleine weiße Zwiebel
2 kleine Gewürzgurken
8 Matjesfilets
1 EL Öl
Salz
1–2 EL Apfelessig
1 TL Zucker
200 g saure Sahne
Pfeffer aus der Mühle
Dillspitzen zum Garnieren

### Zubereitung

FÜR 4 PERSONEN

1 Die Roten Beten schälen und in kleine Würfel schneiden. Die Äpfel waschen, vierteln und die Kerngehäuse entfernen. Die Apfelviertel in Würfel schneiden. Die Zwiebel schälen und in feine Würfel schneiden. Die Gewürzgurken in feine Scheiben schneiden.

2 Die Matjesfilets waschen, mit Küchenpapier trocken tupfen und in mundgerechte Stücke schneiden.

3 Die Roten Beten, die Zwiebel, die Gewürzgurken und die Apfelwürfel mischen. Das Öl, Salz, den Essig, den Zucker und die saure Sahne verrühren und untermischen. Den Salat etwa 20 Minuten ziehen lassen, dann nochmals mit Pfeffer nach Belieben nachwürzen.

4 Den Rote-Bete-Salat auf Tellern anrichten und die Heringsstücke darauf verteilen. Mit einigen Dillspitzen bestreut servieren.

# Mango-Fisch-Salat
## mit Limette

### Zutaten

1 kleiner Kopfsalat
1/2 Chilischote
2 Bio-Limetten
500 g Seelachsfilet
Salz
6 EL Öl
50 ml Weißwein
3 Tomaten
1 Mango
Zucker
Pfeffer aus der Mühle
Bio-Limettenscheiben zum Garnieren

### Zubereitung

FÜR 4 PERSONEN

1 Vom Kopfsalat die äußeren Blätter entfernen. Salat in Blätter teilen, waschen, trocken schleudern und in mundgerechte Stücke zupfen. Chili längs halbieren, entkernen, waschen und fein hacken. 1 Limette heiß waschen und die Schale abreiben, den Saft beider Limetten auspressen. Fisch waschen, trocken tupfen, mit etwas Limettensaft beträufeln und salzen.

2 In einer Pfanne 2 EL Öl erhitzen und das Fischfilet mit der Chili darin anbraten. Weißwein angießen und den Fisch etwa 4 Minuten unter Wenden garen. Mit etwas Limettenschale bestreuen, beiseitestellen und auskühlen lassen.

3 Tomaten waschen, halbieren, entkernen und in Würfel schneiden. Die Mango schälen, das Fruchtfleisch an den flachen Seiten in Streifen vom Stein schneiden. Restliches Öl mit 3 EL Limettensaft verrühren, mit Zucker, Salz und Pfeffer würzen. Den Salat in Schälchen anrichten und mit dem Dressing beträufeln.

4 Den Fisch mit einer Gabel zerpflücken, mit Salz und Pfeffer würzen und auf dem Salat verteilen. Mango- und Tomatenstücke hinzufügen und mit 1 Limettenscheibe garnieren.

# Tintenfischsalat
## mit Sesamsamen

*Ran an die Stäbchen: Überraschen Sie Ihre Gäste mit einer Salatkreation, die ebenso ausgefallen wie unwiderstehlich ist*

### Zutaten

1 rote Chilischote
1/2 rote Paprikaschote
50 g Keniabohnen
50 g Zuckerschoten · Salz
je 2 Rotkohl- und Chinakohlblätter
1 Stück Nori-Blatt
einige Minze- und Korianderblätter
1/4 Stängel Zitronengras
1/4 l Reisessig
2 EL Fischsauce
1 EL Limettensaft
Zucker
1 EL Sesamöl
250 g Tintenfisch (küchenfertig)
2 TL Öl
2 EL Erdnüsse
1 EL helle Sesamsamen

### Zubereitung

FÜR 2 PERSONEN

1 Die Chilischote längs halbieren, entkernen, waschen und längs in feine Streifen schneiden. Die Paprikahälfte entkernen, waschen und ebenfalls in feine Streifen schneiden. Die Bohnen und die Zuckerschoten putzen, waschen und in kochendem Salzwasser 4 bis 5 Minuten bissfest blanchieren. In ein Sieb abgießen, kalt abschrecken und abtropfen lassen. Bohnen und Zuckerschoten längs in feine Streifen schneiden.

2 Die Rotkohl- und die Chinakohlblätter waschen, trocken tupfen und ebenfalls in feine Streifen schneiden. Das Nori-Blatt in möglichst feine Streifen schneiden. Die Minze- und Korianderblätter waschen, trocken tupfen und fein hacken.

3 Das Zitronengras putzen, waschen und sehr fein hacken. Für die Vinaigrette den Essig mit der Fischsauce, dem Limettensaft, 1 Prise Zucker und dem Zitronengras verrühren, dann das Sesamöl unterschlagen. Die Vinaigrette mit Chili, Paprika, Bohnen, Zuckerschoten, Rot- und Chinakohl, Nori-Blattstreifen sowie Minze- und Korianderblättern vermischen.

4 Den Tintenfisch waschen, mit Küchenpapier trocken tupfen und in mundgerechte Stücke schneiden. Das Öl in einer Pfanne oder im Wok stark erhitzen und die Tintenfischstücke darin rundum etwa 1 Minute braten.

5 Die Erdnüsse in einer beschichteten Pfanne ohne Fett anrösten und grob hacken. Die Sesamsamen ebenfalls anrösten. Den Salat auf Tellern anrichten, die gebratenen Tintenfischstücke darauf verteilen und mit den Erdnüssen und den Sesamsamen bestreut servieren.

# Muschelsalat
## mit Speck und Rucola

### Zutaten

200 g Rucola

1 kg Miesmuscheln

300 ml Fischfond

100 g Frühstücksspeck

1 Schalotte

2 Knoblauchzehen

2 EL Butter

Salz · Pfeffer aus der Mühle

1 EL gehackte Petersilie

3 EL Olivenöl

### Zubereitung

FÜR 4 PERSONEN

1 Den Rucola verlesen, waschen und trocken schleudern, grobe Stiele entfernen. Die Blätter nach Belieben in mundgerechte Stücke zupfen.

2 Die Miesmuscheln unter fließendem kaltem Wasser gründlich abbürsten und die Bärte der Muscheln entfernen. Geöffnete Muscheln aussortieren. Den Fischfond in einem großen Topf zum Kochen bringen und die Muscheln darin mit geschlossenem Deckel 5 Minuten garen, bis sie sich geöffnet haben, dabei den Topf gelegentlich schütteln. Die Muscheln aus dem Sud nehmen und das Muschelfleisch auslösen, geschlossene Muscheln entfernen.

3 Den Frühstücksspeck in kleine Würfel schneiden. Die Schalotte und den Knoblauch schälen und in feine Würfel schneiden. Die Butter in einer Pfanne zerlassen und die Speckwürfel darin anbraten. Die Schalotten- und Knoblauchwürfel dazugeben und mitbraten. Das Muschelfleisch hinzufügen und 1 bis 2 Minuten mitbraten. Mit Salz und Pfeffer würzen und die Petersilie unterrühren. Den Rucola auf Teller verteilen, das Olivenöl darüberträufeln und die Muscheln mit dem Speck darauf anrichten.

# Asiatischer Nudelsalat
## mit Sesamhähnchen

### Zutaten

400 g Möhren
300 g Zuckerschoten · Salz
200 g chinesische Eiernudeln
4 Hähnchenbrustfilets
(ca. 600 g)
Pfeffer aus der Mühle · 4 EL Öl
2 EL helle Sesamsamen
100 ml Gemüsebrühe
2 EL Weißweinessig
75 ml Sojasauce
2 TL frisch geriebener Ingwer
1 TL Sambal Oelek
Zucker

### Zubereitung

FÜR 4 PERSONEN

1 Die Möhren putzen, schälen und in Streifen schneiden. Die Zuckerschoten putzen, waschen und quer halbieren. Die Möhren und die Zuckerschoten in kochendem Salzwasser etwa 3 Minuten bissfest blanchieren. In ein Sieb abgießen, kalt abschrecken und abtropfen lassen.

2 Die Eiernudeln nach Packungsanweisung garen. In ein Sieb abgießen, kalt abschrecken und abtropfen lassen. Die Hähnchenbrustfilets waschen, mit Küchenpapier trocken tupfen und mit Salz und Pfeffer würzen.

3 In einer Pfanne 2 EL Öl erhitzen und die Hähnchenbrustfilets darin auf beiden Seiten etwa 5 Minuten braten. Anschließend mit Sesam bestreuen, einige Male in der Pfanne wenden und herausnehmen.

4 Für die Vinaigrette die Brühe mit dem Essig, der Sojasauce, dem Ingwer, dem Sambal Oelek und 1 Prise Zucker verrühren, nach und nach das restliche Öl unterschlagen. Die Vinaigrette mit dem Gemüse und den Nudeln mischen. Das Fleisch quer in Scheiben schneiden und den asiatischen Nudelsalat mit dem Hähnchenfleisch in Schälchen anrichten.

# Gemischter Salat
## mit Hähnchenbrust

*Edles für die schlanke Linie: Bei einem Salat mit Spargel und Artischocken werden selbst Gemüsemuffel schwach*

### Zutaten

2 junge, kleine Artischocken
2 EL Zitronensaft
2 Hähnchenbrustfilets (à 150 g)
Salz · Pfeffer aus der Mühle
1 EL Butterschmalz
1 Mini-Romanasalat (oder ein Salatherz)
8 Stangen grüner Spargel
8 kleine gekochte Pellkartoffeln
2 EL Weißweinessig
1/2 TL Senf · Zucker
3 EL Olivenöl

### Zubereitung

FÜR 4 PERSONEN

1 Von den Artischocken die Stiele sowie die harten Blattspitzen im oberen Teil abtrennen, die verbliebenen Blätter rund um die Artischockenböden abschneiden. Das »Heu« mit einem Teelöffel oder Kugelausstecher herauslösen. In einem Topf Wasser zum Kochen bringen und die Artischocken darin mit dem Zitronensaft 15 bis 20 Minuten garen. Mit einem Schaumlöffel herausnehmen, abtropfen und etwas abkühlen lassen. Die Artischocken längs vierteln.

2 Die Hähnchenbrustfilets waschen, mit Küchenpapier trocken tupfen und mit Salz und Pfeffer würzen. Das Butterschmalz in einer Pfanne zerlassen und die Hähnchenbrustfilets darin bei mittlerer Hitze auf beiden Seiten 5 bis 6 Minuten braten.

3 Den Romanasalat putzen, waschen und trocken schleudern. Die Blätter nach Belieben in mundgerechte Stücke zupfen.

4 Den Spargel waschen und im unteren Drittel schälen, die holzigen Enden abschneiden. Spargel in kochendem Salzwasser etwa 10 Minuten garen. In ein Sieb abgießen, kalt abschrecken und abtropfen lassen. Die Kartoffeln quer halbieren.

5 Für die Vinaigrette den Essig mit dem Senf, Salz, Pfeffer und 1 Prise Zucker verrühren, nach und nach das Olivenöl unterschlagen. Artischocken, Salatblätter, Spargel und Kartoffeln auf Tellern anrichten. Das Hähnchenfleisch quer in dicke Scheiben schneiden und auf dem Salat anrichten. Den Salat mit der Vinaigrette beträufeln.

**Tipp›** Artischocken bekommt man ganzjährig im Handel, besonders günstig sind sie im Frühsommer und Spätherbst. Wenn es einmal schnell gehen muss, können Sie Artischocken aus dem Glas verwenden.

# Chicoréesalat
# mit Hähnchen und Erdbeeren

*Die pure Verführung: Bitter-zarter Chicorée und süße Erdbeeren sind der ideale Auftakt zu einem romantischen Dinner*

## Zutaten

2 Hähnchenbrustfilets (à ca. 160 g)
Salz · Cayennepfeffer
1 EL Honig
2 EL Sesamöl
300 g weißer Spargel
3 EL Weißweinessig
Zucker · 6–8 EL Öl
4 EL Butter
4 Stauden Chicorée (à ca. 100 g)
300 g Erdbeeren

## Zubereitung

FÜR 4 PERSONEN

1 Die Hähnchenbrustfilets waschen, mit Küchenpapier trocken tupfen und mit Salz und Cayennepfeffer würzen. Den Honig mit dem Sesamöl zu einer Marinade verrühren, die Hähnchenbrustfilets darin wenden und etwas durchziehen lassen.

2 Den Spargel schälen, die holzigen Enden abschneiden. Die Spargelstangen schräg in 1/2 cm dicke Scheiben schneiden und in reichlich kochendem Salzwasser etwa 8 Minuten garen. In ein Sieb abgießen, kalt abschrecken und gut abtropfen lassen.

3 Für die Vinaigrette den Essig mit je 1 Prise Salz und Zucker verrühren, nach und nach das Öl unterschlagen. Spargelscheiben mit der Vinaigrette mischen und durchziehen lassen.

4 Die Butter in einer Pfanne zerlassen und die Hähnchenbrustfilets darin auf beiden Seiten 2 Minuten anbraten. Die Hitze reduzieren und die Filets 8 bis 10 Minuten fertig garen, dabei gelegentlich wenden.

5 Den Chicorée putzen, waschen und trocken schleudern. Die Blätter in breite Streifen schneiden. Die Erdbeeren waschen, putzen und vierteln.

6 Den Chicorée mit den Erdbeeren auf Tellern anrichten, den Spargel mit der Vinaigrette dazugeben. Die marinierten Hähnchenbrustfilets quer in Scheiben schneiden und auf dem Chicoréesalat anrichten. Nach Belieben geröstete Baguettescheiben dazu servieren.

# Zucchini-Möhren-Salat
## mit Putenbrust und Melone

*Kleiner Aufwand, große Wirkung: Feine Melonenstreifen sorgen in diesem Salat für leichte Süße und unvergleichliche Frische*

### Zutaten

200 g Feldsalat
400 g Zucchini
2 Möhren
200 g Honigmelone
250 g Maiskörner (aus der Dose)
150 g geräucherte Putenbrust (in dünnen Scheiben)
2–3 Stiele Estragon
1 Eigelb · 100 ml Öl
4 EL Orangensaft
Salz · Pfeffer aus der Mühle

### Zubereitung

FÜR 4 PERSONEN

1 Den Feldsalat putzen, verlesen, waschen und trocken schleudern. Die Zucchini putzen, waschen und in feine Scheiben schneiden.

2 Die Möhren putzen, schälen und auf der Gemüsereibe grob raspeln. Die Melone entkernen, schälen und das Fruchtfleisch in dünne Streifen schneiden.

3 Den Mais in ein Sieb abgießen und abtropfen lassen. Die Putenbrust in Streifen schneiden. Den Estragon waschen und trocken schütteln, die Blättchen von den Stielen zupfen und fein hacken.

4 Für die Mayonnaise das Eigelb in einer Schüssel mit dem Handrührgerät cremig rühren. Das Öl zuerst tröpfchenweise, dann in dünnem Strahl dazugeben, dabei ständig weiterrühren, bis eine cremige Mayonnaise entsteht. Den Orangensaft und den Estragon unterrühren und die Mayonnaise mit Salz und Pfeffer würzen.

5 Feldsalat, Zucchini, Möhren, Melone, Mais und Putenbruststreifen auf Tellern oder in Schälchen anrichten. Den Zucchini-Möhren-Salat mit der Mayonnaise beträufeln oder die Mayonnaise separat dazu servieren. Nach Belieben mit Estragon und gelben Löwenzahnblättern garnieren.

Tipp› Wer die Mayonnaise nicht selbst zubereiten möchte, kann entweder fertige Salatmayonnaise verwenden oder das Dressing stattdessen mit 3 EL fettarmem Joghurt und 1 EL Öl anrühren.

# Geflügelsalat mit Chicorée

## Zutaten

300 g Putenbrustfilet

1–2 EL Öl

Salz · Pfeffer aus der Mühle

4 EL Zitronensaft

Paprikapulver (edelsüß)

4 Stauden Chicorée

4 Orangen

## Zubereitung

FÜR 4 PERSONEN

1 Die Putenbrust waschen, trocken tupfen und in Würfel schneiden. Das Öl in einer Pfanne erhitzen, die Putenwürfel darin 5 Minuten goldbraun braten und mit Salz und Pfeffer würzen.

2 Für die Marinade den Zitronensaft mit Salz, Pfeffer und 1 Prise Paprikapulver gut verrühren. Die Putenbrust mit der Marinade beträufeln und 15 Minuten ziehen lassen.

3 Den Chicorée putzen und waschen. Den unteren Teil der Stauden in Scheiben schneiden, die oberen Chicoréeblätter auf Tellern oder in Schälchen anrichten.

4 Die Orangen mit einem scharfen Messer so großzügig schälen, dass auch die weiße Haut mit entfernt wird. Die Fruchtfilets zwischen den einzelnen Trennhäuten herausschneiden.

5 Die Putenbrust in kleine Würfel schneiden und mit den Chicoréescheiben und den Orangenfilets mischen. Den Geflügelsalat mit Salz, Pfeffer und Paprikapulver würzen und auf die Chicoréeblätter verteilen.

# Spargelsalat mit Roastbeef

## Zutaten

1,2 kg weißer Spargel · Salz
1 EL Butter
3 EL Zitronensaft
1 TL Zucker
1 Bund Radieschen
1 Apfel
1 Bund Frühlingszwiebeln
2 EL Obstessig
1 EL Senf · 1 TL Apfeldicksaft
Pfeffer aus der Mühle
6 EL Öl · 1 Bund Schnittlauch
250 g Roastbeef (in Scheiben)
1 EL Kürbiskernöl

## Zubereitung

FÜR 4 PERSONEN

1 Den Spargel schälen, die holzigen Enden entfernen. Die Spargelstangen in reichlich kochendem Salzwasser mit der Butter, 1 EL Zitronensaft und dem Zucker 15 bis 18 Minuten garen. In ein Sieb abgießen, kalt abschrecken, abtropfen und etwas abkühlen lassen.

2 Die Radieschen putzen, waschen und längs vierteln. Den Apfel waschen, vierteln und das Kerngehäuse entfernen, die Apfelviertel in dünne Spalten schneiden. Die Frühlingszwiebeln putzen, waschen und in feine Ringe schneiden.

3 Für die Vinaigrette den restlichen Zitronensaft mit Essig, Senf, Apfeldicksaft, Salz und Pfeffer verrühren. Nach und nach das Öl unterschlagen und nochmals abschmecken. Den Schnittlauch waschen und trocken schütteln.

4 Den Spargel schräg halbieren und mit Radieschen, Apfelspalten, Frühlingszwiebeln und Roastbeef auf Tellern oder in Schälchen anrichten. Den Spargelsalat mit der Vinaigrette und dem Kürbiskernöl beträufeln und mit Schnittlauchhalmen und nach Belieben Frühlingszwiebelblättern garnieren.

# Wurstsalat
## auf bayerische Art

*Egal ob Sie ihn im Biergarten oder beim Picknick genießen:*
*Dieser Sommersalat ist genau das Richtige für einen Ausflug ins Grüne!*

### Zutaten

800 g grobe Fleischwurst
(z. B. Regensburger)
2 Zwiebeln
3 Stangen grüner Spargel
80 g breite grüne Bohnen
Salz
100 g Cocktailtomaten
8 Radieschen
1/2 gelber oder grüner Zucchino
80 g weiße Bohnen
(aus der Dose)
300 ml Gemüsebrühe
1–2 TL scharfer Senf
2 EL Rotweinessig
Zucker
Chiliflocken
je 1 EL Öl und Olivenöl
1 EL gehackte Petersilie

### Zubereitung

FÜR 4 PERSONEN

1 Die Wurst pellen und in dünne Scheiben schneiden. Die Zwiebeln schälen und in Streifen schneiden. Den Spargel waschen, im unteren Drittel schälen und holzige Enden entfernen. Spargelstangen schräg in Stücke schneiden.

2 Die grünen Bohnen putzen, waschen und in Stücke schneiden. Spargel und Bohnen in Salzwasser 5 bis 6 Minuten blanchieren, kalt abschrecken und auf einem Sieb abtropfen lassen. Die Tomaten waschen und halbieren.

3 Die Radieschen putzen, waschen und in Würfel schneiden. den Zucchino putzen, waschen und in Stücke schneiden. Die weißen Bohnen auf einem Sieb abbrausen und abtropfen lassen Wurst, Zwiebeln, Spargel, grüne und weiße Bohnen, Tomaten, Radieschen und Zucchino in einer Schüssel mischen.

4 Für die Vinaigrette die Brühe erhitzen. In einen hohen Rührbecher geben, Senf und Essig untermischen und mit Zucker, Salz und Chiliflocken abschmecken. Die Öle dazugeben und mit dem Stabmixer unterrühren.

5 Die lauwarme Vinaigrette unter den Wurstsalat mischen und die Petersilie darüberstreuen. Den Wurstsalat bei Zimmertemperatur 10 Minuten ziehen lassen und servieren.

---

**Tipp›** Statt Regensburger Würsten können Sie auch Wiener Würstchen oder Lyoner verwenden. Etwas schärfer wird der Salat mit 1 klein geschnittenen, entkernten Chilischote!

# Feldsalat mit Entenleber

*Ein Klassiker wird variiert: Feldsalat mit gebratener Entenleber bekommt durch Feigen und Rhabarber Aroma und neue Raffinesse*

## Zutaten

300 g Feldsalat

2 Stangen Rhabarber

Zucker

250 g Entenleber

4 EL Olivenöl

Salz · Pfeffer aus der Mühle

2 Feigen

2 EL Aceto balsamico

## Zubereitung

FÜR 4 PERSONEN

1 Den Feldsalat putzen, waschen und trocken schleudern. Den Rhabarber putzen, waschen und die holzigen Enden abschneiden. Die Rhabarberstangen in kleine Stücke schneiden. In einem Topf Wasser mit etwas Zucker zum Kochen bringen und den Rhabarber darin etwa 4 Minuten bissfest blanchieren. In ein Sieb abgießen, kalt abschrecken und abtropfen lassen.

2 Die Entenleber waschen und mit Küchenpapier trocken tupfen. In einer Pfanne 1 EL Olivenöl erhitzen und die Entenleber darin rundum 3 Minuten goldbraun braten. Mit Salz und Pfeffer würzen und quer in Scheiben schneiden.

3 Die Feigen waschen und in breite Spalten schneiden. Für die Vinaigrette den Essig mit Salz und Pfeffer verrühren, nach und nach das restliche Olivenöl unterschlagen.

4 Den Feldsalat mit dem Rhabarber, der Entenleber und den Feigen anrichten und mit der Vinaigrette beträufeln.

Tipp› Sie können den Salat statt mit Leber auch mit Entenbrustfilet veredeln: Dafür von 300 g Filet die Haut samt Fett abziehen und das Filet in Streifen schneiden. In Öl etwa 3 Minuten rundum braten.

# Rucolasalat
## mit Entenbrust

*Außen kross und innen saftig: Das beste Stück von der Ente wird mit aromatischen Tomaten und nussigem Rucola ein Fest für Schlemmer*

### Zutaten

400 g Entenbrustfilet
Salz · Pfeffer aus der Mühle
240 g Rucola
250 g Cocktailtomaten
1 Knoblauchzehe
3 EL Aceto balsamico
Zucker
3 EL Olivenöl
40 g Parmesan (am Stück)

### Zubereitung

FÜR 4 PERSONEN

1 Die Entenbrust waschen und mit Küchenpapier trocken tupfen. Die weiße Haut der Entenbrust rautenförmig einschneiden und mit Salz und Pfeffer würzen. Eine beschichtete Pfanne ohne Fett heiß werden lassen. Die Entenbrust mit der Hautseite nach unten in die Pfanne legen und bei schwacher bis mittlerer Hitze 15 Minuten braten. Anschließend wenden und weitere 5 Minuten braten.

2 Den Rucola verlesen, waschen und trocken schleudern, grobe Stiele entfernen. Die Blätter nach Belieben in mundgerechte Stücke zupfen. Die Cocktailtomaten waschen und vierteln. Den Knoblauch schälen und in feine Würfel schneiden.

3 Für die Vinaigrette den Essig mit 1 EL ausgetretenem Entenfett, Salz, Pfeffer und 1 Prise Zucker verrühren. Das Olivenöl unterschlagen und den Knoblauch dazugeben.

4 Die Entenbrust schräg in dünne Scheiben schneiden und mit dem Rucola und den Cocktailtomaten auf Tellern anrichten. Den Rucolasalat mit der Vinaigrette beträufeln. Den Parmesan mit dem Sparschäler in feinen Spänen darüberhobeln. Nach Belieben mit frischem Weißbrot servieren.

---

Tipp› Für die Vinaigrette 1 EL Olivenöl durch 1 EL Kürbiskernöl ersetzen – das gibt ein feines Nussaroma. Nach Belieben 2 EL Kürbiskerne in einer Pfanne ohne Fett anrösten und über den Salat streuen.

# Thaisalat
## mit Roastbeef

### Zutaten

500 g Roastbeef

1 EL Butterschmalz

ca. 300 g gemischter Salat (z. B. Spinat, Rucola, Sprossen, Paprikaschoten, Thaibasilikum)

100 g Cashewkerne

2 rote Chilischoten

1 Knoblauchzehe

6 EL Zitronensaft

je 1 TL Soja- und Fischsauce

1 TL Zucker

1 TL frisch geriebener Ingwer

Salz · Pfeffer aus der Mühle

6 EL Olivenöl · 1 TL Sesamöl

### Zubereitung

FÜR 4 PERSONEN

1 Das Roastbeef von Sehnen und Haut befreien. Das Butterschmalz in einer Pfanne erhitzen und das Roastbeef darin etwa 20 Minuten braten, dabei häufiger wenden. Das Fleisch anschließend in Alufolie wickeln und etwa 5 Minuten ruhen lassen.

2 Die Salatzutaten je nach Sorte putzen oder verlesen, waschen, trocken schleudern und in mundgerechte Stücke schneiden. Die Cashewkerne in einer beschichteten Pfanne ohne Fett rösten und anschließend grob hacken.

3 Für die Marinade die Chilischoten längs halbieren, entkernen, waschen und fein schneiden. Den Knoblauch schälen und fein hacken. Chili und Knoblauch mit Zitronensaft, Soja- und Fischsauce, Zucker und Ingwer verrühren und mit Salz und Pfeffer würzen. Nach und nach das Oliven- und das Sesamöl unterschlagen. Die Hälfte der Marinade gut mit dem Salat vermischen und auf einer Platte anrichten.

4 Das Roastbeef quer zur Faser in dünne Scheiben schneiden und auf dem Salat verteilen. Den Thaisalat mit der restlichen Marinade beträufeln und mit den Cashewkernen bestreuen.

# Wildsalat
## mit Birnen und Pinienkernen

### Zutaten

300 g Hasenfilet
Salz · Pfeffer aus der Mühle
7 EL Öl · 4 EL Wildfond
2 feste Birnen
2 cl roter Portwein
50 g Pinienkerne
100 g Knollensellerie
100 g Feldsalat
1 EL Aceto balsamico
2 EL Rotweinessig
2 EL Walnussöl

### Zubereitung

FÜR 4 PERSONEN

1 Das Hasenfilet waschen und mit Küchenpapier trocken tupfen, mit Salz und Pfeffer würzen. In einer Pfanne 2 EL Öl erhitzen und das Fleisch darin bei starker Hitze rundum 3 bis 5 Minuten anbraten. Das Fleisch anschließend in Alufolie wickeln und ruhen lassen. Den Bratensatz mit dem Wildfond ablöschen und in eine Schüssel gießen.

2 Die Birnen schälen, halbieren, entkernen und längs in schmale Spalten schneiden. 2 EL Öl in der Pfanne erhitzen und die Birnen darin anbraten. Mit dem Portwein ablöschen, kurz aufkochen lassen und vom Herd nehmen. Die Pinienkerne in einer beschichteten Pfanne ohne Fett anrösten. Den Sellerie putzen, schälen und erst in Scheiben, dann in feine Streifen schneiden. Den Feldsalat putzen, verlesen, waschen, trocken schleudern und auf Teller verteilen.

3 Essig, Walnussöl, restliches Öl und den Bratenfond verrühren, mit Salz und Pfeffer abschmecken. Hasenfilet schräg in Scheiben schneiden und mit den Birnen auf dem Feldsalat anrichten. Den Salat mit Sellerie und Pinienkernen bestreuen und mit der Vinaigrette beträufeln.

# Rindfleischsalat
## mit Gurken und Tomaten

*Some like it hot: Diese Salatkreation vereint gebratenes Beef, Tomaten und Gurken mit dem Pep scharfer Chilischoten*

### Zutaten

3 Beefsteaks (à ca. 150 g)
Salz · Pfeffer aus der Mühle
4 EL Öl · 6 EL Sojasauce
6 Tomaten (500 g)
1 Salatgurke
1 rote Chilischote
1 Bund Frühlingszwiebeln
2 Knoblauchzehen
Saft von 2 Limetten
Schnittknoblauch und Korianderblätter zum Garnieren

### Zubereitung

FÜR 4 PERSONEN

1 Die Beefsteaks waschen, mit Küchenpapier trocken tupfen und mit Salz und Pfeffer würzen. In einer Pfanne 1 EL Öl erhitzen und die Steaks darin auf beiden Seiten 2 bis 3 Minuten braten. Herausnehmen und einige Minuten ruhen lassen. Anschließend das Fleisch in sehr feine Scheiben schneiden. Den Bratensatz mit der Sojasauce ablöschen, aufkochen lassen und beiseitestellen.

2 Die Tomaten waschen, achteln und entkernen, dabei die Stielansätze entfernen. Die Gurke waschen und in dünne Scheiben schneiden. Die Chilischote längs halbieren, entkernen, waschen und in feine Würfel schneiden. Tomaten, Gurke, Chili und Fleischscheiben in einer großen Schüssel mischen.

3 Die Frühlingszwiebeln putzen, waschen und schräg in Ringe schneiden. Den Knoblauch schälen und in feine Würfel schneiden. Die Frühlingszwiebeln und den Knoblauch in die Schüssel geben.

4 Für die Marinade den Bratenfond mit dem Limettensaft verrühren, nach und nach das restliche Öl unterschlagen. Die Marinade über den Salat träufeln, gut untermischen und den Rindfleischsalat nochmals abschmecken. Mit Schnittknoblauch und Korianderblättern garniert servieren.

**Tipp›** Achtung, feurig! Chilischoten enthalten ätherische Öle, die zwar den Salat pikant würzen, aber nicht in die Augen geraten sollten. Beim Schneiden am besten Einweghandschuhe tragen.

# Obstsalate

# Honigmelone
## mit Birnen-Orangen-Salat

*Mit Leichtigkeit genießen: Auch wenn eigentlich gar nichts mehr geht, hören Sie bei dieser Fruchtbombe garantiert kein Nein*

### Zutaten

1 kleine Honigmelone
2 Birnen
1 Orange
150 g Naturjoghurt
1 TL Honig
Zimtpulver

### Zubereitung

FÜR 2 PERSONEN

1 Die Melone halbieren und entkernen. Die Birnen waschen, vierteln und die Kerngehäuse entfernen. Die Birnenviertel in kleine Spalten schneiden.

2 Die Orange mit einem scharfen Messer so großzügig schälen, dass auch die weiße Haut mit entfernt wird. Die Fruchtfilets zwischen den einzelnen Trennhäuten herausschneiden, dabei den austretenden Saft auffangen.

3 Für das Dressing den Joghurt mit dem Orangensaft, dem Honig und etwas Zimt in einer kleinen Schüssel glatt rühren.

4 Zum Servieren die Birnenspalten und die Orangenfilets auf die entkernten Melonenhälften verteilen und mit dem Dressing beträufeln.

Tipp› Zum Süßen können Sie statt Honig auch Agavensirup verwenden – er lässt sich besonders gut mit dem Joghurt verrühren. Wer mag, kann noch 1 EL Kokosflocken mit unter das Dressing rühren.

# Ananas-Melonen-Salat
## mit Sesamkrokant

*Ein goldenes Trio: Duftende Honigmelone, süße Ananas und knuspriger Sesamkrokant bringen Süßmäuler zum Strahlen*

### Zutaten

1 TL Öl
60 g Zucker
60 g helle Sesamsamen
1 Honigmelone
1 Ananas
2 EL weißer Rum (ersatzweise weißer Traubensaft)
1 EL Honig
Saft von 1 Zitrone

### Zubereitung

FÜR 4 PERSONEN

1 Ein Backblech mit Alufolie auslegen und die Folie mit dem Öl einfetten. Den Zucker mit 4 EL Wasser in einem Topf erhitzen und bei starker Hitze unter Rühren hellgelb karamellisieren lassen. Den Sesam unterrühren und die Masse weiter karamellisieren lassen, bis sie goldbraun ist. Die Sesam-Karamell-Masse auf dem Backblech verstreichen und auskühlen lassen.

2 Die Melone vierteln, entkernen und schälen. Das Melonenfruchtfleisch in mundgerechte Stücke schneiden.

3 Die Ananas schälen, vierteln und den harten Strunk herausschneiden. Das Fruchtfleisch ebenfalls in mundgerechte Stücke schneiden. Mit den Melonenstücken in einer Schüssel vermischen.

4 Für die Marinade den Rum mit dem Honig und dem Zitronensaft verrühren. Die Marinade mit den Früchten mischen und den Ananassalat einige Minuten ziehen lassen.

5 Vom Sesamkrokant 4 größere Stücke abbrechen, den restlichen Krokant fein hacken. Den Ananas-Melonen-Salat in Schälchen anrichten, mit dem gehackten Krokant bestreuen und mit den Krokantstücken servieren.

Tipp› Wenn es einmal schnell gehen soll, können Sie statt des selbst gemachten Sesamkrokants auch fertigen Honig-Sesam-Krokant aus dem Reformhaus verwenden.

# Fruchtsalat
## mit Vanillesirup

### Zutaten

2 kleine Ogen-Melonen

1 Baby-Ananas

1 große Orange

je 100 g Erdbeeren und Physalis (Kapstachelbeeren)

2 Vanilleschoten

75 g Zucker

2 EL Zitronensaft

Salz

### Zubereitung

FÜR 4 PERSONEN

1 Die Melonen halbieren und entkernen. Aus dem Fruchtfleisch mit einem Kugelausstecher Kugeln ausstechen. Restliches Fruchtfleisch aus der Schale lösen. Die Ananas schälen, vierteln und den harten Strunk herausschneiden. Das Fruchtfleisch in Stücke schneiden.

2 Die Orange so großzügig schälen, dass auch die weiße Haut mit entfernt wird. Die Filets zwischen den einzelnen Trennhäuten herausschneiden, dabei den austretenden Saft auffangen. Die Orangenfilets in kleine Stücke schneiden.

3 Die Erdbeeren waschen, putzen und vierteln. Die Physalis waschen und trocken tupfen. Einige Physalis ganz lassen, den Rest in Scheiben schneiden. Alle Früchte in einer Schüssel mischen und mit dem Orangensaft beträufeln.

4 Die Vanilleschoten längs aufschneiden und das Mark herauskratzen. Die Schoten und das Mark mit 175 ml Wasser, Zucker, Zitronensaft und 1 Prise Salz aufkochen und bei starker Hitze 5 Minuten sirupartig einkochen. Den heißen Sirup mit den Schoten über die Früchte gießen, mindestens 1 Stunde kühl stellen. Den Salat zum Servieren auf die Melonenschalen verteilen.

# Orangensalat
## mit Honigsauce

### Zutaten

5 Orangen
(davon 1 Bio-Orange)
100 g Mandelblättchen
150 g Honig
4 cl Amaretto
(ital. Mandellikör)

### Zubereitung

FÜR 4 PERSONEN

1 Die Bio-Orange heiß waschen und trocken reiben. Die Schale mit dem Sparschäler dünn abschälen und in feine Streifen schneiden. Die Orange halbieren und den Saft auspressen.

2 Die restlichen Orangen so großzügig schälen, dass auch die weiße Haut mit entfernt wird. Die Orangen quer in dünne Scheiben schneiden und auf Tellern anrichten.

3 Die Mandeln in einer beschichteten Pfanne ohne Fett anrösten. Den Honig in einem Topf mit dem Orangensaft erhitzen. Die Orangenschalen dazugeben und die Honigsauce etwa 5 Minuten köcheln lassen. Dann die Mandelblättchen und den Amaretto unterrühren.

4 Zum Servieren die Honigsauce mit den Orangenstreifen und den Mandeln über die Orangenscheiben träufeln.

# Erdbeer-Melonen-Salat
## mit Balsamico-Karamell

*Herrlich erfrischend an heißen Sommertagen: Süßsauer-fruchtiges Obst macht eindeutig Lust auf mehr!*

### Zutaten

- 75 g brauner Zucker
- 5 EL Aceto balsamico
- 5 EL Orangensaft
- 250 g Erdbeeren
- 1/2 Charentais-Melone
- 1/2 Honigmelone
- Zitronenmelisseblätter zum Garnieren

### Zubereitung

FÜR 4 PERSONEN

1. Den braunen Zucker in einer Pfanne bei mittlerer Hitze karamellisieren, dabei die Pfanne immer wieder leicht schwenken, damit sich keine Klümpchen bilden. Den Essig und den Orangensaft angießen und den Karamell anschließend bei schwacher Hitze sämig einkochen lassen. Die Sauce vom Herd nehmen und abkühlen lassen.
2. Die Erdbeeren waschen, putzen und nach Belieben halbieren. Aus der Charentais- und der Honigmelone mit einem Löffel die Kerne entfernen und das Fruchtfleisch entweder mit einem Kugelausstecher oder einem Teelöffel zu kleinen Kugeln formen.
3. Die Melonenkugeln und die Erdbeeren auf Tassen oder Dessertschälchen verteilen. Den abgekühlten Balsamico-Karamell darüberträufeln und den Erdbeer-Melonen-Salat mit Zitronenmelisseblättern garniert servieren.

**Tipp›** Für eine weniger aufwendige Variante nehmen Sie 5 EL fertige Crema di balsamico, fügen 5 EL Orangensaft und 5 klein geschnittene Blätter Basilikum hinzu und marinieren das Obst darin 20 Minuten.

# Exotischer Obstsalat
## mit Ananas und Litschi

*Frisch, gesund und voller Aroma: Fast alles, was der Obststand hergibt, wird hier zu einer fruchtigen Komposition arrangiert*

### Zutaten

1 kleine Ananas

½ Honigmelone

je 80 g helle und blaue Trauben

2 Kiwis · 2 Bio-Orangen

1 Grapefruit

230 g Litschis (aus der Dose)

2 cl Orangenlikör (z. B. Grand Marnier)

1 Päckchen Vanillezucker

### Zubereitung

FÜR 4 PERSONEN

1 Die Ananas schälen, vierteln und den harten Strunk herausschneiden. Das Fruchtfleisch in Stücke schneiden.

2 Die Melonenhälfte entkernen, schälen und das Fruchtfleisch in mundgerechte Stücke schneiden. Die Trauben waschen. Die Kiwis schälen und in kleine Würfel schneiden.

3 Die Orangen und die Grapefruit mit einem scharfen Messer so großzügig schälen, dass auch die weiße Haut mit entfernt wird. Die Fruchtfilets zwischen den einzelnen Trennhäuten herausschneiden und in kleine Stücke schneiden, dabei den austretenden Saft der Orangen auffangen. Alle Früchte in eine Schüssel geben.

4 Die Litschis in ein Sieb abgießen, abtropfen lassen und in die Schüssel geben. Für die Marinade den Orangensaft mit dem Orangenlikör und dem Vanillezucker verrühren. Die Marinade über den Obstsalat träufeln und alles vorsichtig vermischen. Den Salat nach Belieben mit Minzeblättern garnieren.

Tipp› Das Obst kann nach Lust und Laune variiert werden: Mischen Sie doch einmal Mango- oder Papayawürfel unter den Salat. Ein besonders dekoratives Highlight sind aufgeschnittene Sternfrüchte.

# Melonensalat
## mit Trauben und Pecorino

*Gesucht und gefunden: Süße Honigmelone, fruchtige Trauben und pikanter Käse verschmelzen hier zu einer wahren Gaumenfreude*

### Zutaten

1 Honigmelone (ca. 900 g)
3 EL Aceto balsamico
3 EL Zitronensaft
2 EL Waldhonig
2 EL Traubenkernöl
2 TL getrocknete rosa Pfefferbeeren
je 80 g helle und blaue Trauben
80 g junger Pecorino (am Stück)

### Zubereitung

FÜR 4 PERSONEN

1 Die Melone vierteln, entkernen und schälen. Das Fruchtfleisch der Länge nach in sehr feine Spalten schneiden und auf großen Tellern anrichten.

2 Für die Vinaigrette den Essig mit dem Zitronensaft und dem Honig verrühren, zuletzt das Öl unterschlagen. Die Vinaigrette über die Melonen träufeln.

3 Die Pfefferbeeren grob zerdrücken. Die Trauben waschen und halbieren, nach Belieben die Kerne entfernen.

4 Die Traubenhälften auf dem Melonensalat verteilen und den Pecorino mit dem Sparschäler in feinen Spänen darüberhobeln. Den Salat mit den zerdrückten Pfefferbeeren bestreuen und nach Belieben mit Minzeblättern garniert servieren.

Tipp› Pecorino stammt meist aus Sardinien, Sizilien oder der Toskana. Er wird aus Schafsmilch hergestellt und muss etwa 8 Monate reifen. Sein Geschmack ist sehr würzig und pikant.

# Beerensalat
## mit Cassislikör

### Zutaten

125 g rote Johannisbeeren

100 g schwarze Johannisbeeren

je 250 g Erdbeeren und Himbeeren

125 g Brombeeren

2 EL schwarzes Johannisbeergelee

3–4 EL Cassislikör (ersatzweise Johannisbeersaft)

Saft von 1 Orange

1 EL Puderzucker

Minzeblätter zum Garnieren

### Zubereitung

FÜR 4 PERSONEN

1 Die Johannisbeeren waschen und von den Rispen streifen. Die Erdbeeren waschen, putzen und halbieren. Die Him- und Brombeeren verlesen, waschen und trocken tupfen.

2 Für die Marinade das Johannisbeergelee mit dem Cassislikör und dem Orangensaft in einer Schüssel glatt rühren.

3 Die vorbereiteten Beeren in einer Schüssel vorsichtig mischen. Die Marinade über die Beeren geben und locker untermischen. Die marinierten Beeren etwa 30 Minuten durchziehen lassen.

4 Den Beerensalat auf Teller verteilen, mit dem Puderzucker bestäuben und mit Minzeblättern garnieren.

# Herbstlicher Fruchtsalat
## mit Walnüssen

### Zutaten

je 150 g helle und blaue Trauben
250 g Zwetschgen
je 2 kleine Äpfel und Birnen
2 EL Preiselbeerkonfitüre
100 ml Sherry (medium)
50 g Walnusskernhälften

### Zubereitung

FÜR 4 PERSONEN

1 Die Trauben waschen und halbieren und nach Belieben die Kerne entfernen. Die Zwetschgen waschen, halbieren und den Stein entfernen, das Fruchtfleisch in Spalten schneiden.

2 Äpfel und Birnen halbieren, schälen und die Kerngehäuse entfernen. Die Apfel- und Birnenhälften in Spalten schneiden. Alle Früchte in eine große Schüssel geben.

3 Für die Marinade die Preiselbeerkonfitüre durch ein Sieb streichen und mit dem Sherry in einer Schüssel glatt rühren.

4 Die Marinade mit den Früchten vermischen und etwa 30 Minuten ziehen lassen. Den herbstlichen Fruchtsalat auf Teller verteilen und mit den Walnüssen bestreut servieren.

# Kiwi-Ananas-Salat
## mit Mandelquark

*Happen für Happen köstlich: Die Königin der Tropenfrüchte dient hier als Schale für ein leichtes Sommerdessert*

### Zutaten

4 Kiwis

1 kleine Ananas

200 g blaue Trauben

6 EL Limettensaft

250 g Speisequark

4 EL Ahornsirup

6 EL geschälte Mandeln

### Zubereitung

FÜR 4 PERSONEN

1. Die Kiwis schälen und in mundgerechte Würfel schneiden. Die Ananas längs vierteln und den harten Strunk entfernen. Das Fruchtfleisch aus der Schale lösen und die Schalenviertel beiseitelegen. Das Ananasfruchtfleisch ebenfalls in mundgerechte Würfel schneiden.
2. Die Trauben waschen und halbieren, nach Belieben die Kerne entfernen. Die Kiwis, die Ananas und die Trauben in einer Schüssel mit 4 EL Limettensaft vermischen. Den restlichen Limettensaft mit dem Quark und dem Ahornsirup verrühren.
3. Die Mandeln grob hacken und in einer beschichteten Pfanne ohne Fett rösten. Drei Viertel der Mandeln unter den Limettenquark rühren.
4. Zum Servieren jeweils etwas Mandelquark auf die Ananasschalen geben, den Kiwi-Ananas-Salat darauf verteilen und mit den restlichen gerösteten Mandeln bestreuen.

**Tipp›** Ahornsirup ist eingedickter Saft des Zuckerahorns. Sein karamellartiges Aroma passt gut zu Pfannkuchen, Eis und Süßspeisen. Falls Sie keinen bekommen, können Sie stattdessen Honig verwenden.

# Kiwi-Feigen-Salat
## mit Dattel-Bananen-Mus

*Genießen wie in 1001 Nacht: Zu Feigen, Kiwis, Nektarinen und Mandeln wird ein raffiniertes Mus aus Datteln und Bananen serviert*

### Zutaten

je 4 Feigen und Kiwis
2 Nektarinen
100 ml Roter Johannisbeersaft
1 EL geschälte Mandeln
einige Minzezweige
4 Datteln
1 Banane

### Zubereitung

FÜR 4 PERSONEN

1 Die Feigen waschen und vierteln. Die Kiwis schälen und quer in Scheiben schneiden. Die Kiwischeiben auf Tellern leicht überlappend kreisförmig anrichten und die Feigenviertel daraufsetzen.

2 Die Nektarinen waschen, halbieren und den Stein entfernen. Das Fruchtfleisch in schmale Spalten schneiden.

3 Den Johannisbeersaft in einem Topf sirupartig einkochen lassen. Die Mandeln grob hacken. Die Nektarinenspalten und die Mandeln unterrühren und den Sirup aufkochen lassen. Den Sirup, die Nektarinen und die Mandeln auf den Kiwischeiben verteilen. Den Salat mit Minzezweigen garnieren.

4 Die Datteln halbieren, den Stein entfernen und das Fruchtfleisch sehr fein hacken. Die Banane schälen, mit einer Gabel zerdrücken und unter die Datteln heben. Das Dattel-Bananen-Mus zu dem Kiwi-Feigen-Salat servieren.

---

Tipp› Feigen sind hierzulande vor allem getrocknet bekannt – dann schmecken sie nach Honig. Frische Feigen haben ein weiches, aromatisch süßes Fruchtfleisch.

# Fruchtsalat
## mit Sonnenblumenkernen

### Zutaten

2 TL Jasminteeblätter

3 EL Honig

4 EL Sake (japanischer Reiswein)

1 mittelgroße Wassermelone

4 Kiwis

10 frische Litschis

2 EL Sonnenblumenkerne

### Zubereitung

FÜR 4 PERSONEN

1 Für die Marinade 300 ml Wasser in einem Topf aufkochen, Jasmintee, Honig und Sake dazugeben. Etwa 2 Minuten köcheln lassen, vom Herd nehmen und abkühlen lassen.

2 Die Melone halbieren und entkernen, mit einem Kugelausstecher aus dem Fruchtfleisch Kugeln ausstechen. Die Kiwis schälen und quer in Scheiben schneiden. Die Litschis schälen und entkernen.

3 Die Melone, die Kiwis und die Litschis in einer Schüssel mischen und die Marinade durch ein Sieb über die Früchte gießen. Die Früchte zugedeckt etwa 8 Stunden in der Marinade ziehen lassen, dabei gelegentlich umrühren.

4 Die Sonnenblumenkerne in einer beschichteten Pfanne ohne Fett leicht anrösten. Den Fruchtsalat in Schälchen anrichten, mit den Sonnenblumenkernen bestreuen und nach Belieben mit etwas frisch geschlagener Sahne servieren.

# Bunter Obstsalat
## mit Bananensauce

### Zutaten

2 säuerliche Äpfel
(z. B. Boskoop)
2 EL Zitronensaft · 1 Orange
2 Nektarinen
125 g helle Trauben
2 Kiwis
150 g Erdbeeren
100 g Walnusskernhälften
1 Banane
2 EL Honig
1 EL Puderzucker
Orangenzesten zum Garnieren

### Zubereitung

FÜR 4 PERSONEN

1 Die Äpfel vierteln, schälen und die Kerngehäuse entfernen. Die Apfelviertel in mundgerechte Stücke schneiden und sofort mit 1 EL Zitronensaft beträufeln.

2 Die Orange so großzügig schälen, dass auch die weiße Haut mit entfernt wird. Die Filets zwischen den einzelnen Trennhäuten herausschneiden und dabei den austretenden Saft auffangen, die Orangenreste auspressen. Nektarinen waschen, halbieren, den Stein entfernen und das Fruchtfleisch in Spalten schneiden.

3 Die Trauben waschen und halbieren, nach Belieben die Kerne entfernen. Die Kiwis schälen und in Spalten schneiden. Die Erdbeeren waschen, putzen und halbieren. Die Walnüsse grob hacken und in einer Schüssel vorsichtig mit den vorbereiteten Obststücken mischen.

4 Die Banane schälen und mit dem Honig, dem Orangen- und dem restlichen Zitronensaft mit dem Stabmixer pürieren. Den Obstsalat auf Schälchen verteilen, mit dem Puderzucker bestäuben und mit Orangenzesten garnieren. Die Bananensauce dazu reichen.

# Bunte Früchte
## mit Olivenöl und Sichuanpfeffer

*Eine gelungene Liaison: Aromatisches Obst bekommt hier durch das Topping aus feinem Öl und exotischem Pfeffer das gewisse Etwas*

### Zutaten

1 Babyananas

1 kleine Mango

1 kleine Papaya

1 Pitahaya (Drachenfrucht)

2 Kiwis

12 Physalis (Kapstachelbeeren)

3–4 EL mildes Olivenöl

Sichuanpfeffer aus der Mühle

### Zubereitung

FÜR 4 PERSONEN

1 Die Ananas der Länge nach vierteln, schälen und das Fruchtfleisch in Stücke schneiden. Die Mango schälen, das Fruchtfleisch zuerst vom Stein und dann in Spalten schneiden.

2 Die Papaya längs halbieren und die Kerne mit einem Teelöffel entfernen. Die Papayahälften schälen und das Fruchtfleisch ebenfalls in Spalten schneiden. Die Pitahaya und die Kiwis schälen und in Scheiben schneiden.

3 Die Kapstachelbeeren aus den Hüllblättern lösen, waschen, trocken tupfen und halbieren.

4 Die Früchte dekorativ auf Desserttellern anrichten, mit dem Olivenöl beträufeln und etwas Sichuanpfeffer fein darübermahlen.

Tipp› Für dieses Dessert sollten Sie unbedingt reife Früchte verwenden. Achten Sie außerdem darauf, dass das Obst Zimmertemperatur hat, nur so kann es sein Aroma voll entfalten.

# Rezeptregister



# Impressum


1. Auflage 2014
ISBN 978-3-89883-444-5

Grafische Gestaltung: Georg Feigl, Irene Schulz
Rezepte und Redaktion: ZS-Team
Herstellung: Peter Karg-Cordes, Jan Russok
Lithografie: Jan Russok
Druck & Bindung: Neografia, Martin

# Bildnachweis

**Umschlag:** *StockFood:* K. Arras: vorne; *StockFood:* J. Cazals: hinten (o.); S. & P. Eising hinten (M.); Foodphotography Eising: hinten (u.)
**Innenklappe:** *StockFood:* H. Bischof: hinten/innen (M. u., r. u.); S. Eising: hinten/innen (M. o.), vorne/innen, vorne/außen; S. & P. Eising: hinten/innen (r. o.); Scherer: hinten/außen (o. r., u.); Maximilian Stock Ltd.: hinten/innen (l.)
**Innenteil:** A. Kramp & B. Gölling: 53; *StockFood:* K. Arras: 1; U. Bender: 2–3, 12, 23, 101, 119; H. Bischof: 96; M. Boyny: 17, 76, 81; Caggiano Photogr.: 61; James Carrier Photography: 6–7, 15; R. Castilho: 129; J. Cazals: 31, 48, 49, 99, 103, 116, 140; Drool Ltd., W. Lingwood: 100; J. Duncan: 13, 43; Pete A. Eising: 90, 91, 94, 133; S. Eising: 9, 11, 24, 25, 32, 69, 70, 71, 84–85, 87, 109, 113, 115, 117, 120–121, 126, 134, 135, 141, 143; S. & P. Eising: 4–5, 19, 33, 37, 51, 66, 67, 77, 83, 108, 131, 137, 139; Eising Studio | Food Photo & Video: 93; Foodphotography Eising: 18, 35, 41, 45, 54–55, 59, 75, 89, 105, 107, 123, 125; I. Garlic: 57, 65, 79; J. Hay: 29; L. Lister: 21; D. Loftus: 27, 47; L. Mastri: 60; A. Plewinski: 42; B. Radvaner: 97; Rauzier-Rivière: 38; J.-F. Rivière: 63; J. Rynio: 127; F. Strauss: 39; B. Winkelmann: 73; ZS Verlag/Kramp & Gölling: 110